공장투자
이렇게 쉬웠어?

공장 투자

이렇게 쉬웠어?

초판 발행 2024년 3월 4일
6쇄 발행 2024년 4월 9일

지 은 이 김덕환(긍정케이)
감   수 송희창
기획/총괄 배희원
책임편집 양희준
편집진행 노영현
펴 낸 곳 도서출판 지혜로

출판등록 2012년 3월 21일 제 387-2012-000023호
주   소 경기도 부천시 원미구 길주로 137, 6층 602호(상동, 상록그린힐빌딩)
전   화 032-327-5032
팩   스 032-327-5035
이 메 일 book@jihyerobook.com
      (독자 여러분의 소중한 의견과 원고를 기다립니다)

ISBN 979-11-87799-25-2 13320
값 20,000원

도서출판 지혜로는 경제 · 경영 서적 전문 출판사이며, '독자들을 위한 책'을 만들기 위해 객관적으로 실력이 검증된 저자들의 책만 엄선하여 제작합니다.

초보자도 쉽게 수익 낼 수 있는
공장 투자 비밀과외

공장
투자
이렇게
쉬웠어?

김덕환(긍정케이) 지음
송희창 감수

추천의 글

'나만의 투자 기술'을 갖추었는가에 따라 경쟁력과 수익이 결정된다

송희창(송사무장)

『엑시트 EXIT』, 『송사무장의 경매의 기술』, 『송사무장의 실전 경매』,
『송사무장의 공매의 기술』, 『셀프 소송의 기술』 저자
네이버 카페 〈행복재테크〉 대표
㈜행크에듀 대표

초보 단계에서 치열한 경쟁을 피할 수는 없다

필자는 20년 넘게 부동산 투자를 해오며 주거용 물건, 상업용 물건, 토지는 물론 신축에 이르기까지 거의 모든 분야의 부동산을 경험해왔다. 또한 2008년부터 부동산 커뮤니티 '행복재테크'를 운영해왔기에 수많은 회원의 투자도 지켜봤다.

사람마다 부동산 투자를 시작하게 된 계기는 각기 다르겠지만, 투자를 통해 얻고자 하는 것은 같을 것이다. 부동산 투자로 수익을 얻는 것 그리고 더 나아가 경제적 자유를 얻는 것이 대부분의 사람이 갖고 있는 투자의 목적이다.

하지만 많은 사람이 초보 단계에서 공부를 시작해도 기대만큼 성과가 나오지 않는다. 그 이유는 크게 '흔한 아이템'과 '초보 수준의 지식' 2가지 때문이다.

먼저 '흔한 아이템'이란 초보 단계에서 쉽게 접근이 가능한 아이템을 말한다. 부동산 투자를 공부한다고 하면 아파트 같은 주거형 부동산을 생각하는데, 아파트는 사람들에게 친숙한 동시에 흔한 아이템이다. 이런 아이템은 쉽게 접근이 가능한 반면 경쟁이 치열하다.

이런 현상은 일반 매매뿐만 아니라 경매에서도 마찬가지로 일어난다. 누구나 접근할 수 있는 쉬운 주거형 물건은 경쟁이 치열해 낙찰받기 어렵고, 낙찰받더라도 수익이 크지 않은 경우가 많다.

다음은 '초보 수준의 지식'이다. 아파트라고 해서 무조건 수익이 낮은 것은 아니다. 아파트도 간단한 지식 몇 가지만 익혀 매입할 수 있는 초보 수준의 경쟁이 높은 것이 있고, 겉으로 보기에는 복잡해보이지만 실제로 큰 수익을 낼 수 있는 것도 있다. 구체적으로 말하자면 재개발·재건축에 관해 공부하거나 경매뿐만 아니라 공매를 익히거나, 경매에서 권리분석이 복잡해보여도 풀어낼 수 있는 해법을 익히는 것이다.

좀 더 수월하게 경쟁 없이 수익을 내는 기술은 없는 것인가?

그런데 공부가 어렵다고 해서 무조건 수익이 큰 것도 아니고, 반대로 공부가 수월하다고 수익이 적은 것도 아니다. 수익에 관한 정답은 '경쟁이 덜한 것'이었다. 직접 경험해보니 심화 공부가 아니라 다수가 선택하지 않는 아이템을 선택하는 것만으로도 경쟁을 떨쳐낼 수 있었다. 그런 아이템 중 하나가 바로 토지다. 토지 투자의 경우, 사람들이 막연히 어렵다고 느끼고 아파트나 주거형 물건처럼 쉽게 매매가 이뤄지는 것이 아니기에 부담을 느낀다. 만약 투자자가 토지를 취득하면서 대출을 받았는데 임대나 매매가 계획대로 되지 않는다면, 아무런 수익이 없는 상태에서 온전히 대출 이자를 납부해야만 한다.

이럴 때 매월 대출 이자를 부담하면서 토지 시세가 오르는 것을 여유롭게 기다릴 수 있는 사람은 많지 않다. 아무리 현금이 여유 있는 사람이라고 하더라도 이런 투자 세팅은 매우 불안할 수밖에 없다. 아마도 건물이 있는 부동산과 그렇지 않은 토지의 가장 큰 차이점일 것이다.

건물이 있다면 매입 후 비교적 임대(전월세)를 수월하게 놓거나 매매도 빠른 시일 내에 이뤄지기에 부담이 없는데, 토지는 그렇지 않은 것이다. 이런 이유로 토지는 경쟁이 낮을 수밖에 없다.

그런데 만약 '월세를 받을 수 있는' 토지가 있다면 어떨까?

매월 월세가 나오기에 시간이 얼마가 걸리든 보유하는 것에 부담은 덜하면서 토지의 안정적인 가치 상승을 기대할 수 있는 투자. 게다가 경쟁도 적은 투자. 이런 투자가 과연 있을까?

이런 최상의 조건을 갖춘 투자가 바로 '공장 투자'이다. 공장 투자는 건물이 아니라 토지 투자라고 생각하고 접근한다. 실제로 공장 투자의 경우 토지 가격이 상승하면서 큰 차익을 얻을 수 있다.

공장이라고 하면 일단 낯설고 나와 상관없는 얘기라고 느껴지는가? 그렇다면 더욱 잘된 일이다. 대부분 그렇게 생각하기에 선뜻 공부하는 것조차 망설이는 사람이 많기 때문이다. 그렇기에 경쟁이 덜하다. 따라서 이 기술을 갖추기만 한다면, 남들과 확실히 구분되는 나만의 기술을 갖게 될 것이다.

어떤 분야든 최고에게 배워야 제대로 된 수익을 낼 수 있다

공장 투자를 하겠다고 마음먹어도 주변에서 공장 투자를 하는 사람을 찾기도 힘들고, 투자에 대한 정보를 구하기도 어렵다. 낯선 분야인 만큼 확실하게 아는 전문가에게 배우는 것이 무엇보다 중요하다. 요즘은 1~2건의 투자 경험으로도 자칭 전문가라며 강의를 하는 사람들이 너무도 많기 때문에, 진짜 전문가를 선별하는 것이 어느 때보다 중요한 시점이다. 필자도 행복재테크 커뮤니티를 이끌면서 공장 전문가를 찾기 위해 정말 많은 노력을 기울였다. 솔직히 찾는 것도 쉽지 않았다.

이 책의 저자 긍정케이님은 어렵게 찾아낸 귀한 공장 투자 전문가이다. 긍정케이님은 공장 매물 현장 답사만 2,000건 이상을 해왔고, 처리한 공장 물건도 400건이 넘는 10년 경력의 실전 공장 투자자이다. 긍정케이님은 본인의 투자뿐만 아니라 수천 건의 중개를 통해 공장의 성공과 실패에 대한 데이터를 확보하였다.

공장 투자라는 낯선 분야를 집대성하는 것은 이론뿐만 아니라 실전 경험까지 갖춘 사람만이 가능한 일이다. 이 책「공장 투자 이렇게 쉬웠어?」에는 공장 투자에 필요한 이론은 물론 저자가 실전에서 쌓아온 노하우와 수익을 내는 실전 투자 포인트까지 모두 담아냈다.

이 책은 이미 실전에서 수없이 검증된 공장 투자의 정석을 알려주는 동시에, 단계별로 제대로 방향을 잡아주는 좋은 공장 투자 지침서가 될 것이라고 확신한다.

남과 다른 나만의 투자 기술 하나를 더하면 치열한 경쟁을 피하고 여유로운 투자가 가능해진다. 내 입맛에 맞는 물건을 골라 투자하면서 수익은 훨씬 더 크게 거둘 수 있게 되는 것이다. 이 방법을 알고 나면 그다음부터는 정말 투자가 쉬워지는 경험을 하게 될 것이다.

나만의 투자 기술을 갖추는 방법은 여러 가지가 있겠지만, 이 책을 통해 긍정케이님이 전하는 공장 투자에 관한 기술을 확실히 내 것으로 만들기를 바란다. 분명 여러분의 부동산 투자에 차별화를 가져다줄 뿐만 아니라 더 큰 수익도 가져다주는 나만의 기술이 될 것이다. 여러분의 멋진 투자와 성공을 진심으로 기원한다.

경쟁 없이 부자가 되는 방법은 있다

치열한 자본주의 시장. 이런 시장에서 만약 경쟁 없이 수월하게 돈을 벌 수 있는 방법이 있다면 믿겠는가? 대부분의 사람은 이 말을 들으면 곧바로 "그런 게 어디 있냐?"며 불같이 화를 낼지도 모르겠다. 그러나 그런 방법은 실제로 존재한다. 내가 그 방법으로 투자에 성공했으니 말이다.

나는 여러 부동산 중 특별히 '공장'에 투자했다. 처음 투자를 시작할 때 내가 갖고 있는 투자금은 몇 천만 원에 불과했다. 그러나 지난 10년간 공장 투자를 통해 자산을 100배 이상 불릴 수 있었다. 지금은 사람들이 소위 '경제적 자유'라고 부르는 것에 가까워졌다.

하고 싶지 않은 일을 당당하게 거절할 수 있으며,

하루의 대부분을 온전히 나를 위해 사용하고,

무엇을 하든 돈 걱정을 하지 않는 삶

각자가 생각하는 경제적 자유의 기준은 다르겠지만, 누군가 내게 그 기준을 묻는다면 위와 같이 대답할 것이다. 직장에 얽매이지 않고 내가 뜻하는 바대로 사는 인생. 나는 누구나 노력한다면 그런 인생을 살 수 있으리라 생각한다.

과거 우리 가족은 매일 돈과 사투를 벌이며 대한민국 평균 이하의 삶을 살았었다. 그때를 생각해보면 지금 내 모습은 과거의 내가 절대 상상할 수 없었던 모습이다. 내가 이렇게 될 수 있었던 건 단순히 꿈을 갖고 포기하지 않았기 때문이다. 나는 부자가 되겠다는 꿈이 있었고, 그렇게 될 것을 믿었다. 결국 공장 투자를 통해 내가 바라던 삶을 살게 되었다.

어떤 사람은 내가 공장에 투자한다고 말하면 의아해하기도 한다. 그만큼 공장 투자는 사람들에게 생소한 분야이고, 아는 사람만 하는 투자이다. 그러나 내 주변에는 나를 비롯해 공장 투자를 통해 큰 수익을 얻은 사람이 여럿 있다. 그들은 공장과는 전혀 상관없는 일반인들이었고, 원래 부동산 투자를 하던 사람들도 아니었다. 나도 일찍이 이 사실을 알고 공장 투자에 뛰어들었고, 지금에 이르게 되었다.

따라서 나는 자신 있게 말할 수 있다. 지금 책을 읽는 당신도 공장 투자를 통해 충분히 부자가 될 수 있다고 말이다.

부동산 투자를 시작하다

사실 나의 학창시절은 돈 걱정의 연속이었다. 부모님의 사업이 잘 안되면서 가세가 기울었고, 곰팡이가 피어나는 오래된 빌라에서 긴 시간을 보냈다. 20대가 되어서도 누구를 만나든, 어떤 선택을 하든 돈이 최우선이었다. 사회생활을 아직 시작도 안 한 나였지만, 가난이 무엇을 의미하는지는 분명히 알 수 있었다. 가난은 돈이 없다는 사실 그 자체를 의미하기도 하지만, 모든 게 불편해진다는 의미이기도 했다.

나는 내 인생의 해결책을 찾아야 했다. 그래서 부자가 되려면 어떻게 해야 하는지 방법을 찾기 시작했다. 내가 찾은 방법은 부동산 투자였고, 그때부터 수단과 방법을 가리지 않고 부동산과 관련된 공부를 하기 시작했다.

심지어 부동산 공부를 빠르게 끝낼 수 있는 방법이 무엇일까 고민하다가 부동산학을 전공하기 위해 대학교에 재입학하기도 했다. 사실 이제 와서 하는 이야기이지만, 투자를 위한 공부를 하기 위함이라면 대학교 재입학은 추천하지 않는다. 투자는 부동산 전공자가 아니더라도 필요한 지식만 쌓으면 충분히 가능하기 때문이다. 이외에도 관련 회사에 다니는 등 여러 시행착오를 겪은 후에 정착한 곳이 바로 공인중개사 사무소였다. 이때부터 여러 사람을 만나며 다양한 투자 방법을 접할 수 있었고, 나 역시 이런 경험을 바탕으로 본격적인 투자를 시작하게 되었다.

내 인생의 돌파구, 공장 투자

평소 토지와 공장을 전문으로 중개하다 보니 공장 투자로 돈을 번 대표님들을 많이 만나게 되었다. 그러면서 자연스레 공장 투자가 돈이 된다는 것을 알 수 있었다. 더불어 공장 투자는 아직까지 일반 대중에게 잘 알려지지 않았다는 점도 매력적이었다. 이 말은 경쟁 없이 돈을 벌 수 있다는 말이기도 했다.

공장은 토지와 연동이 되어 있어 토지 가격이 올라가면 공장의 매매가격도 올라가는 구조였다. 즉 본질은 토지 투자였다. 그에 더하여 토지 위에 건물이 있는 구조이기에 건물(공장)에서 월세를 받으며 주변 지가가 충분히 오를 때까지 여유롭게 기다릴 수 있다는 것이 공장 투자의 가장 큰 장점이었다.

우스갯소리로 10년 동안 제조업을 해서 번 돈보다 10년간 보유하고 있던 공장을 매각해서 번 돈이 더 많다는 얘기도 많이 들었

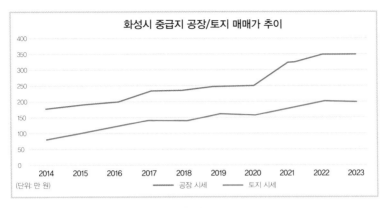

화성시 중급지 공장/토지 매매가 추이

(단위: 만 원)

— 공장 시세　— 토지 시세

>> 토지와 공장의 시세가 함께 오르는 걸 확인할 수 있다.

다. 사실이었다. 10년 동안 주변 땅값이 계속해서 올랐기에 가능한 일이었다.

　일을 하다 보니 공장 투자에 대한 더 큰 확신이 생겼고, 기회라는 생각이 들었다. 일반 대중에게 알려지지 않아 경쟁은 적었고, 보유하고 있으면 땅값은 계속 올라 수익은 높았다. 대출을 받고 세를 놓아 보증금을 받으면 실투자금도 많이 들어가지 않았다.

　이후 소형 토지와 공장을 낙찰받고 일반 매매로 매입하기 시작했다. 물론 당시에는 돈이 많지 않았기에 한 건을 투자하면 한동안 돈을 모으기까지 투자는 잠시 쉬었다. 그러나 매물 검색과 임장은 쉽지 않았다. 종잣돈은 안 먹고 안 쓰면서 악착같이 모았다. 투자를 쉬는 기간에도 매입해놓은 물건들의 가격이 올라가는 것을 보고 흡족했다. 이제 정말 제대로 길을 찾은 것 같았다.

중개 일을 시작한지 2년이 되는 시점에 내 사무실을 창업하기로 마음먹고 독립을 했다. 중개업은 꾸준히 순항하여 현재는 여러 명의 직원과 함께 일하고 있다. 더불어 투자 법인을 별도로 설립하여 저렴한 공장을 매입하거나 토지를 사서 공장을 지어 분양하는 일을 하며 큰 수익을 내고 있다.

이 책 한 권에 나의 10년 노하우를 모두 담았다

공장 투자를 본격적으로 공부하던 시절, 한 가지 아쉬운 점이 있었다. 바로 국내에 공장 투자를 배울 수 있는 서적이나 정규 강의가 전무하다는 사실이었다. 나 역시 실력을 쌓기까지 돌고 돌아 여러 시행착오를 겪었다. 실무에선 주먹구구식으로 배우기 일쑤였다. 그래서 나는 언젠가 실력이 쌓이면 나처럼 가난에서 벗어나 부자가 되고자 하는 사람들을 위해 체계적인 공장 투자 책을 쓰고 싶었다.

이 책은 까다롭기로 소문난 지혜로 출판사에서 출간되는 만큼 단순하게 책을 위한 책이 아닌, 실제 독자에게 도움 되는 내용으로 가득 채웠다. 따라서 이 책 한 권이면 공장 투자의 모든 것을 알 수 있을 것이다.

책에는 공장에 투자함에 있어 좋은 매물을 골라내는 방법부터 매입, 보유, 관리, 매도까지 중요 포인트만 알기 쉽게 서술하였다. 그리고 중간 중간 실어둔 실전 사례와 나의 10년 노하우를 담은 실전 Tip을 통해 좀 더 생생한 간접 경험을 할 수 있을 것이다. 중학생도 이해할 수 있도록 쉽게 풀어내기 위해 부단히 노력했으므로, 초보자들이 이 책을 읽고 실제 투자에 적용하기에도 어려움이 없을 것이라 생각한다.

마지막으로 하고 싶은 당부가 있다. 이 책은 독자 여러분을 공장 투자에 관한 이론을 모두 아는 전문가로 만들어주진 않을 것이다. 대신 공장 투자로 수익을 낼 수 있는 사람으로 만들어줄 것은 분명하다. 부디 치열한 재테크 시장에서 공장 투자로 살아남아 달콤한 수익을 맛보게 되길 바란다.

김덕환(긍정케이)

차례 CONTENTS

쉽게 시작하는 공장 투자의 모든 것

차례 C O N T E N T S

PART 03 콕 짚어 알려주는 공장 필수 지식

 PART 04 투자 수익을 높여주는 실전 노하우

차례

월세와 시세 차익 모두 얻는 공장 투자

01

공장 투자는
월세 받는
토지 투자다

공장이란 무엇일까?

서울 도심을 지나 교외로 나가 보면 오밀조밀 모여 있는 파란색 지붕의 건물을 자주 보게 된다. 파란 지붕의 판넬(panel)로 지은 이 건물들이 바로 공장이다. 주로 교외에 많이 모여 있다. 이는 공장 건물을 짓기 위해선 넓은 토지가 필요한데 도심지에 비해 상대적으로 교외의 지가가 저렴하기 때문이다.

서울의 경우 1962년 도시계획법에 따라 공장지대가 성동구, 구로구, 영등포구 일대에 처음으로 지정되었으며, 1966년 서울시 전체 면적의 12.25%까지 증가하기도 하였다. 이후 1970년대 들어 도심지 확장으로 공장지대는 점차 감소하였으며, 공장이 떠난 자리에 지식산업센터, 오피스텔, 주상복합 등이 들어서게 되었다. 반면에 수도권 교외지역은 도심지에서 밀려난 공장들이 들어섬에 따라 공장 임대·매매시장이 지속적으로 활성화되고 있는 추세이다.

공장의 정의는 크게 이론과 실무상 2가지로 분류할 수 있다. 우리나라의 경우 공장의 설립부터 운영까지 총괄하는 법률이 있는데, 바로 '산업집적활성화 및 공장설립에 관한 법률'이다. 이 법 제2조를 보면 공장의 정의가 다음과 같이 나와 있다.

> "공장"이란 건축물 또는 공작물, 물품제조공정을 형성하는 기계·장치 등 제조시설과 그 부대시설(이하 "제조시설등"이라 한다)을 갖추고 대통령령으로 정하는 제조업을 하기 위한 사업장으로서 대통령령으로 정하는 것을 말한다.

이 법에는 공장의 정의 외에도 어려운 조문들이 복잡하게 적혀 있다. 사실 나도 잘 이해하지 못한다. 그러나 다행히 우리는 공장 투자를 하기 위해서 이 법을 공부할 필요가 전혀 없다. 공장 전문가가 되는 게 아니라 공장 투자로 수익을 내는 게 목표이기 때문이다. 그렇기에 몇 가지 투자 포인트와 실무상 정의 정도만 이해하면 공장 투자로 수익을 내는 데 전혀 문제가 없을 것이다. 지금껏 많은 사람이 그렇게 해오고 있다.

실무상 공장의 정의는 건축법상 기준으로 분류하며 1종 근생*(소매점), 2종 근생(제조업소), 공장(창고) 정도로 구분해 이해하면 된

---

* 여기서 '근생'은 근린생활시설을 줄여 말하는 것이다.

다. 앞으로 자세히 설명하겠지만 현장에 나가 매물을 소개받고 건축물대장을 발급해보면 대부분 위 3가지에 해당된다. 그렇기에 우리는 공장이란 1종 근생, 2종 근생, 공장으로 구분할 수 있다는 정도만 기억하기로 하자.

공장 투자를 왜 해야 하는가?

공장이라 하면 우리는 대부분 선입견을 가지고 있다. 거대한 기계, 기구와 큰 면적, 수십조 원의 투자금 등 개인이 범접할 수 없는 규모이기에 나와 상관없는 부동산이라 생각한다. 이는 언론을 통해 공장에 대해서 듣기 때문이다. 언론에서는 중소기업의 투자 규모는 다루지 않는다. 주로 삼성, LG, 하이닉스 등 대기업이 공장 시설에 몇 조를 투자했다는 얘기를 한다. 이런 이유로 일반 개인은 공장을 큰 금액이 있어야 매입할 수 있는 부동산이라 생각하고, 공장 투자를 자신의 포트폴리오에 담지 않는다.

그렇기에 우리는 생각한다. '과연 공장에 투자해서 돈을 벌 수 있을까?', '일반인도 매입이 가능할까?' 나도 그랬다. 예전엔 관심도 없었고 그게 돈이 되는 줄도 몰랐다. 공장 제조업을 하는 기업만이 소유하고 운영하며, 제품을 생산하는 용도로만 사용하는 줄 알았다. 그러나 공장을 소유하게 되면 대개 건물보다 더 넓은 토지를 소유하는데 이게 바로 공장 투자의 핵심이자 본질이었다.

공장 매매가는 주변 지가와 연동되어 있다. 공장을 매입하면 넓은 토지를 소유하기에 주변에 지가가 오르는 것을 그대로 흡수한다. 그래서 향후 주변 지가가 오르면 매각하여 막대한 시세 차익을 올릴 수 있다. 겉으로는 제조업을 하지만 속을 들여다보면 부동산 투자를 한 것이다.

제조업을 하지 않는 개인도 비슷한 방식으로 투자가 가능하다. 매입한 공장에서 직접 제조를 하지 않고 세를 놓아 월세를 받다가 시간이 지나 지가가 오르면 매각하여 시세 차익을 낼 수 있다. 게다가 대출만 잘 활용하면 갭투자를 할 수 있는 금액보다 적은 금액으로 매입이 가능하다.

다음 사례를 보자. 내 제자가 매입했던 사례로, 대한민국에서 공장 시장이 가장 활성화되어 있는 경기도 화성시 내에 위치한 공장을 매입했다. 매입 시기는 2022년 초이며 현재 보유 중이다. 본 물건의 스펙을 살펴보면 토지 592㎡(179평), 건물 198㎡(60평)으로 수요가 탄탄한 면적에 해당한다. 매입 가격은 5억 3,000만 원이며

공장 개요
- 경기도 화성시 팔탄면
- 토지 592m²(179평)
- 건물 198m²(60평)

투자 내역
- 매입 5.3억 원(평당 296만 원)
- 1,600/160만 원 임차 중
- 실투자금 3,700만 원(대출 90%+보증금)

예상 수익
- 현재 시세 6.3억 원(평당 350만 원)
- 시세 차익 약 1억 원

보증금 1,600만 원, 월차임 160만 원에 임차를 세팅하였다.

본 공장을 매입한 제자는 직장을 다녔지만 사업자 대출을 활용해 매매가격 대비 대출 90%를 받았고, 그 뒤 임차를 놓고 보증금까지 회수해 약 3,700만 원을 투입했다. 물론 취득세 4.6%와 법무비, 복비 등을 더하면 최종 실투자금은 더 늘어났을 것이다. 그러나 이는 공장도 대출만 잘 활용하면 충분히 소액으로 투자할 수 있다는 것을 보여주는 사례이다.

현재 본 물건은 매입 시점 대비 주변 지가가 상승하여 투자한 지 1년이 넘은 시점에 약 1억 원 정도의 수익이 난 상태이다. 이는 실투자금 3,700만 원 대비 세전 약 250% 이상의 수익을 올린 케이스이다.

재테크 격언 중 "큰 부자는 토지에서 나온다."라는 말이 있다. 그런데 토지 투자는 현금 흐름이 발생하지 않고, 대출을 받아 매입한 경우 보유하고 있는 동안 이자를 납부하는 데 어려움이 있을 수도 있다.

그러나 공장 투자는 보유하고 있는 동안 건물에서 월세가 나오기에 현금 흐름이 발생한다. 이 비용으로 이자를 납부하면서 주변 지가가 오를 때까지 마음 편히 기다릴 수 있다. 이후 지가가 오르면 매각하여 시세 차익을 누리면 된다. 그렇기에 공장 투자는 '현금 흐름+시세 차익', 즉 동시에 두 마리 토끼를 잡을 수 있는 투자 상품인 것이다.

이 방법을 일찍이 터득하여 서민 갑부가 된 사람들을 많이 보았다. 주로 도심지 인근에서 공장(창고) 임대업을 하거나 자가 공장에서 제조업을 하는 사람들이다.

이들은 자신이 보유한 외곽지역의 토지에 현금 흐름을 발생시키기 위해 직접 공장을 짓기도 하며, 현재 운영 중인 공장을 매입하기도 한다. 이후 도심지 확장으로 인해 지가가 많이 오르면 보유한 공장을 매각하여 큰 수익을 얻는 방식으로 투자한다. 현재도 이 방식은 유효하다. 그렇기에 우리는 공장 투자에 관심을 기울여야 한다. 공장 투자로 수익 내는 방식은 이처럼 간단하다.

공장 투자의 장점 6가지

1. 타 종목 대비 입찰 경쟁률이 낮다

공장 투자의 첫 번째 장점은 경매 입찰 시 타 종목 대비 경쟁률이 낮다는 것이다. 경매 법원을 한 번이라도 가본 사람은 아파트나 일반 상가 등의 경쟁률을 잘 알 것이다. 낙찰받기도 힘들며 저런 금액에 받아서 어떻게 수익을 내려고 하는지 이해가 되지 않을 때도 많다. 더불어 실사용자 외에 투자자가 많이 진입하다 보니, 시장이 조금만 좋아져도 수익 가능한 범위 내에서 낙찰받기는 더더욱 힘들어진다.

반면에 공장은 아직까지 일반 투자자들이 진입하지 않는 시장이다. 경매에 입찰하는 사람은 대부분 제조업을 운영하는 실사용자들이기에 입찰자의 수가 적고 과한 낙찰가율[**]이 덜 나온다. 일반 매매시장에서도 마찬가지이다. 일반 매물로 거래되는 비율을 살펴보면 체감상 약 90% 이상이 제조 또는 창고를 운영하는 사업체이다. 나머지 10%는 공장 투자로 일찍이 수익을 맛본 투자자들이 진입한다. 상황이 이렇다 보니 제조업 경기가 조금만 악화되어도 공장 투자로 수익 내기는 더욱 쉬워진다. 투자자들이 진입하지 않기에 입찰 경쟁률이 많이 떨어지기 때문이다. 이때는 일반 매매시장 가격보다 상대적으로 저렴한 가격에 낙찰이 가능하다.

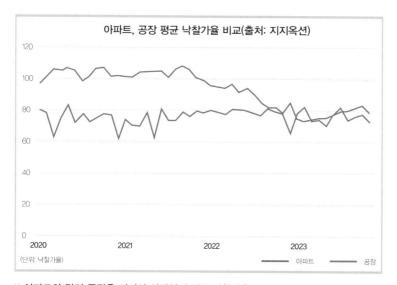

아파트, 공장 평균 낙찰가율 비교(출처: 지지옥션)

>> 아파트와 달리 공장은 시기와 상관없이 평균 낙찰가율이 낮은 편이다.

[**] 낙찰가율은 부동산 경매 시 감정가 대비 낙찰된 금액의 비율을 의미한다.

2. 공장 관리가 쉽다

공장 투자를 경험하지 못한 사람이라면 공장 관리에 대한 막연한 두려움이 생길 수도 있다. 그러나 공장이라고 해서 특별한 것은 없다. 공간을 임대 놓아 세를 받는 부동산 투자의 본질은 같기에 월세 나오는 부동산을 매입했다고 쉽게 생각하자. 더불어 임차인이 무엇을 제조하고 어떤 기계, 기구를 가져다 놓는지에 대해서 임대인은 전혀 알 필요가 없다. 우리는 투자자로서 월세가 잘 들어오고 있는지, 내 공장이 현재 얼마에 매각 가능한지, 주변 토지 매가가 지속적으로 오르고 있는지에 대한 정보만 알고 있어도 공장 투자로 수익을 낼 수 있다.

공장 관리가 쉬운 이유는 공장 자체가 가설 건축물의 특성을 지니고 있기 때문이다. 우리가 평상시 이용하는 아파트, 상가 건물 등은 철근 콘크리트로 지어진 건물이다. 따라서 누수 및 하자 발생 시 수리를 위해 막대한 시간과 비용이 소요될 수 있다. 그러나 공장은 하자라고 해봐야 판넬 사이로 누수되는 게 전부이며 해결 방법도 간단하다. 대부분 철골을 올리고 판넬을 덧댄 형태로 지어지기 때문에 크게 하자가 생길 여지가 없다. 이런 이유로 대부분의 하자는 간단하게 해결이 가능해 공장 소유 시 관리에 대한 부담을 갖지 않는다.

3. 일정 규모 이하의 공장은 경기에 상관없이 수익이 가능하다

경기가 어려워지면 제조업체가 폐업하여 공장이 잘 안 팔린다는 뉴스가 종종 등장한다. 그러나 언론의 특성상 대중의 이목을 집중시키기 위해 과장해 보도하기 십상이다. 물론 경기가 악화되면 공장 임대·매매가 수월하지 않은 부분이 있다. 그러나 이는 공장뿐만 아니라 아파트, 상가, 지식산업센터, 꼬마 빌딩 등 모든 부동산이 마찬가지이다. 따라서 공장이라고 해서 특별할 것도 없다. 단지 흐름을 탈 뿐이다. 다만 아무리 경기가 악화되어도 먹고살기 위한 기본 산업은 항상 유지되어야 하기에 일정 수준 이상의 임대·매매 수요는 항시 존재한다.

공장은 건물 기준 평수별로 수요층을 나눌 수 있다. 앞으로 자세히 다루겠지만, 건물 기준 330㎡(100평) 미만 공장 수요가 가장 탄탄하다. 신규 제조업을 창업하는 경우, 소규모로 제조업을 운영하는 경우, 경기가 악화되었을 때 사업의 규모를 줄이고자 하는 경우 330㎡(100평) 미만 소형 공장으로 수요가 몰린다. 공장이라고 하면 큰 규모의 여러 대의 기계가 돌아가는 것만 생각할 수 있는데, 그렇지 않은 경우도 많다. 다른 사업체와 마찬가지로 일반적인 중소기업이라면 몇 명의 직원에서 시작해 규모를 키우는 방식으로 성장해나간다. 따라서 초보 공장 투자자라면 330㎡(100평) 미만의 공장 물건을 적극적으로 공략하자. 그러면 경기 악화와 상관없이 수익을 낼 수 있을 것이다.

4. 규제 청정지역으로, 세금 부담이 덜하다

주택에 투자하려고 할 때 항상 고민하고 신경 써야 하는 부분이 있다. 바로 '세금'이다. 주택 수에 따라서 취득세가 달라지며 종합부동산세(이하 '종부세'), 양도세 등 신경 써야 할 세금이 한두 가지가 아니다. 더군다나 시기별로 자주 바뀐다. 투자자 입장에서는 세금 공부를 늘 해야 한다. 어느 땐 투자를 시작하기 전부터 벌써 머리가 지끈거린다.

그러나 공장은 상대적으로 취득 시 세금 부분에서 자유롭다. 규제가 없으며 세율이 간단하기 때문이다. 공장은 보유한 개수와 상관없이 취득세 및 양도세 중과가 없다. 오로지 건별로 계산하면 된다. 단 과밀억제권역 내 5년 이하 신설 법인의 경우 취득 시 취득세 중과가 되나, 이 조건에 해당되지 않는다면 개인, 법인 구분 없이 중과가 되지 않는다. 보유 시에는 재산세만 납부하면 된다. 물론 공장 역시 종부세 대상이긴 하나 건물 제외 토지 공시지가 기준 합계액이 80억 원이 넘어야 나온다. 이를 시가로 환산하면 몇백억 원이 넘어야 한다. 웬만한 중견기업이 소유한 공장이 아닌 이상, 종부세는 대부분 해당되지 않을 것이다.

따라서 취득 및 양도에 대한 추가 규제가 없으며, 종부세도 해당되지 않는다. 그렇기에 기본 세율만 안다면 추가로 세금 공부를 해야 하는 부담감이 덜하다. 우리는 온전히 좋은 물건을 골라내는 데 에너지를 집중하면 된다.

5. 공장 매매가는 떨어지지 않는다

토지 시세는 한 번 오르고 나면 떨어지지 않고 그 가격을 유지하려는 특성이 있다. 공장은 토지 가격과 연동되어 있어 토지 시세 흐름을 그대로 따라가기에 가격이 잘 떨어지지 않는다. 실제로 나는 지난 10년 동안 중개 법인을 운영하면서 토지 가격이 하락했다는 얘기를 들어본 적이 없다(독자 여러분도 땅값이 떨어졌다는 얘기는 들어보지 못했을 것이다). 가끔 사연이 있어 급매로 나오는 물건이 있을지언정 평균 시세가 하락했던 적은 지금까지 없었다. 아마도 대부분의 지역에서 비슷한 현상이 나타날 것이다. 다음 그래프를 보도록 하자.

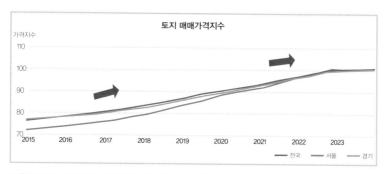

≫ 한국부동산원에서는 연도별 전국의 토지 매매가격지수를 발표하고 있다.

해당 그래프는 2015년 1월~2023년 5월까지 전국의 토지 매매가격지수를 나타낸 자료이다(공장 가격은 토지 가격과 연동되어 그대로 반영되기에 이 자료를 공장 매매가격지수라고 봐도 무방하다). 2015년 1월부터 약 8년간 꾸준히 상승하다 2022년 11월 상승세가 멈추며 약간

01 공장 투자는 월세 받는 토지 투자다

의 하락과 함께 보합으로 돌아섰다. 2023년 상반기를 제외하면 그간 부침 없이 안정적으로 우상향하는 모습을 볼 수 있다. 그렇다면 이 시기 전국의 아파트 가격은 어땠을까?

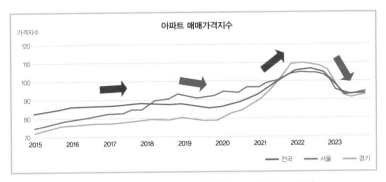

》 한국부동산원을 통해 연도별 전국의 아파트가격지수를 살펴볼 수 있다.

위 그래프는 앞선 토지 매매가격지수와 같은 기간을 나타낸 아파트 매매가격지수이다. 토지 지수는 안정적으로 우상향하는 그래프를 보이는 반면, 아파트는 상승과 하락을 반복하며 가격이 형성되는 것을 볼 수 있다. 특히 2023년 상반기에는 하락폭이 상당히 컸는데, 토지(공장)지수는 보합인 것과 대조적이다. 이 시기 무리하게 아파트를 매입한 투자자들은 손실을 보거나 버티지 못해 힘든 시기를 보냈을 것이다.

반면에 토지와 공장은 아파트 가격이 하락하는 시기에도 보합을 유지했다. 따라서 공장을 소유한 투자자라면 이 시기에도 하락에 대한 염려 없이 마음 편히 보냈을 것이다. 이게 바로 공장 투자의 장점 중 하나라고 할 수 있겠다.

6. '현금 흐름+시세 차익' 두 마리 토끼를 잡을 수 있다

상가에 투자하자니 시세 차익이 아쉽고, 토지에 투자하자니 월세가 나오지 않는다. 이에 대한 대안으로 공장 투자가 있다. 공장은 보유하고 있는 동안 현금 흐름, 즉 '월세'가 나온다. 더불어 주변 지가가 오를 경우 공장 매매가에 그대로 반영되어 시세 차익까지 얻을 수 있다.

만약 주변 지가가 평당 100만 원이고, 공장 매매가격이 평당 200만 원이라고 생각해보자. 어느 날 주변에 호재가 있어 토지 값이 100만 원에서 150만 원으로 올랐다고 하자. 그렇다면 공장 매매가는 어떻게 될까? 공장 매매가 역시 토지 상승분을 그대로 매가에 흡수하여 200만 원에서 250만 원으로 시세가 뛴다. 이 부분이 바로 공장 투자의 핵심 포인트이다. 쉽게 생각해 공장 투자의 본질은 토지 투자인 것이고, 세를 놓을 경우 월세까지 받을 수 있다. 즉 월세 받는 토지 투자 상품인 것이다.

국내 기업들은 일찍부터 이 방법을 알고 있었다. 그래서 교외 지역에 수만 평의 공장을 소유하고 그곳에서 제품을 생산한다. 그리고 어느덧 시간이 흘러 주변 토지 가격이 오르면 공장을 매각하여 막대한 시세 차익을 얻는다. 겉으로는 제품을 생산하는 공장을 소유하고 있는 것처럼 보이지만, 속을 들여다보면 부동산 투자를 해놓은 것이나 다름없다. 제조업 대표들이 10년 동안 사업해서 번 돈보다 공장을 팔아서 번 돈이 크다고 말하는 이유가 여기에 있다.

이러한 투자 방식은 개인도 충분히 가능하다. 중소형 공장을 대출을 활용하여 매입한 뒤 제조업을 하지 않고 세를 놓으면 된다. 이후 월세를 받아 이자를 충당하고 주변 지가가 오를 때까지 여유롭게 기다리다 매각하면 된다.

공장(창고) 업황 트렌드

일반적으로 공장은 제조나 창고 용도로만 사용한다고 알고 있다. 그러나 최근엔 교외지역에 대형 공간을 활용해 사업하려는 수요가 많다 보니 공장을 리모델링하여 제조 외 용도로 이용하는 곳이 늘고 있다. 주요 업종을 살펴보면 공장형 카페는 물론이고 실내 체육시설, 대형 식당, 박물관, 어린이 체험장 등 다양한 사업군이 접목되어 있는 것을 볼 수 있다.

실례로 제주도의 유명 관광지 중 하나인 '제주 아르떼뮤지엄'은

» 좌측부터 카페, 어린이 놀이시설, 실내 체육시설

스피커 공장을 새롭게 인테리어하여 박물관으로 활용하고 있으며, 강화도에 있는 '조양방직'은 방직 공장을 리모델링하여 카페를 운영하고 있다. 둘 다 발 디딜 틈 없이 성업 중이다.

≫ 좌: 제주 아르떼뮤지엄, 우: 강화 조양방직 카페

이처럼 최근엔 공장을 제조나 창고 용도를 넘어 일상생활에서 볼 수 있는 기회가 많아졌다. 평소 우리가 의식하지 못해서 그렇지, 교외지역에서 이용했던 건물 중 일부는 공장을 리모델링하여 운영하는 건물이었을 것이다. 공장은 도심지 상업 시설 대비 장점이 많다. 기본적으로 전용면적이 넓고 층고가 높으며 주차가 용이하다. 더불어 공장을 소유한 상태에서 사업에 접목한다면 주변 지가가 오르고 나의 부동산 가치가 오를 것이며, 사업을 통해 현금흐름도 창출할 수 있다. 이처럼 최근 트렌드를 반영해 공장에 대한 시야를 넓힌다면, 더 좋은 투자 결과로 이어질 것이다.

초보자들이 공부하기 좋은 시기는 따로 있다

대부분의 사람은 부동산 상승장에 투자하고 하락장에 시장을 떠난다. 그렇다면 초보자 입장에서 두 시기 중 언제 투자하는 것이 좋을까? 바로 '하락장'이다. 왜 그런지 3가지 정도로 살펴보도록 하자.

첫째, 시장에 매물이 많다. 상승장의 특징은 시장에 나온 매물은 들어가고 호가는 올라간다는 것이다. 반대로 하락장에선 매물이 쌓이고 시세는 하락한다. 그래서 거래가 되지 않아 매물이 많이 쌓이다 보니 초보자 입장에서는 다양한 매물을 볼 수 있다. 많은 매물을 보는 건 왜 좋을까? 바로 가치 평가가 쉬워지기 때문이다. 쉽게 말해 시세를 파악하기 쉽다는 것이다. 매물이 많으면 그만큼 매물별 비교를 통해 가치를 평가할 수 있다. 그래야 비교를 통해 매물이 싼지 비싼지 파악할 수 있다.

실제 내가 운영 중인 중개 법인에서도 시세가 오르기 시작하면 좋은 매물은 대부분 들어가고 이전부터 팔리지 않던 매물만 남는다. 그렇기에 이 시기에 공인중개사 사무소를 방문한다면 볼 수 있는 매물이 많지 않을 것이다. 이는 초보자 입장에서는 비교할 수 있는 매물이 많지 않아 가치 평가가 쉽지 않다는 얘기다. 반대로 거래량이 줄고 하락장이 찾아오면 A~D급까지 다양한 매물을 볼 수 있다. 이때는 상대적으로 가치 평가가 쉬워진다.

본격적인 투자에 앞서 가장 중요한 것은 결국 '시세 파악'이다. 내가 지역 시세를 꿰고 있지 않다면 아무리 좋은 물건을 만나도 확신을 갖기 어렵고, 이는 최종 투자를 결정하지 못하는 계기가 된다. 부동산 투자를 하려고 마음먹었다면 초보자들은 하락장이 왔을 때 더욱 열심히 임장을 다녀야 한다. 그래야 많은 물건을 볼 수 있고, 가치에 대한 명확한 기준을 잡을 수 있다.

둘째, 브리핑을 받기 좋다. 상승장에 공인중개사 사무실을 방문해 본 사람이라면 알 것이다. 매물도 없거니와 소장님들이 너무 바빠 브리핑을 받기가 쉽지 않다는 것을 말이다. 반대로 하락장이 오면 매물은 많은데 매수 손님이 없어 손님 한 명 한 명이 귀해진다. 이때 공인중개사 사무소에 방문한다면 디테일한 브리핑을 받을 수 있고 천천히 많은 것을 물어볼 수 있다. 소장님들이 상대적으로 한가하기 때문이다.

보통 초보자들은 이런저런 이유로 공인중개사 사무소에 방문하기를 두려워한다. 그렇기에 용기를 내 문을 열고 들어가도 질문의 수준이나 행동이 어색해 금방 초보 티가 난다. 초보 티가 나면 소장님들 입장에서는 계약 확률이 낮은 손님으로 인식한다. 상승장일 경우 초보 손님은 순위가 뒤로 밀려 신경을 덜 써줄 수밖에 없다. 이 시기에는 손님이 많기 때문이다. 그러나 하락장이 오면 소장님들이 상대적으로 덜 바쁘다 보니 여유가 있어 초보 손님에게도 친절히 응대해준다. 그렇기에 초보일수록 하락장을 잘 활용해야 한다. 이 시기를 잘 보내면 능력 있는 소장님을 찾기가 수월해지며, 이는 향후 좋은 물건을 소개받는 관계까지 이어진다.

셋째, 급매를 잡을 수 있다. 상승장에선 시세대로 내놔도 사려는 사람이 줄을 서있기 때문에 급매가 잘 나오지 않는다. 반대로 하락장에선 시세대로 내놓으면 거래가 되지 않기 때문에 급매가 나온다. 그렇다면 우리는 어느 시기에 투자에 적극적으로 임해야 할까? 머리로

실전 Tip 초보자들이 공부하기 좋은 시기는 따로 있다

는 하락장일 때 투자해야 한다는 것을 알고 있는데, 대부분의 사람은 이와 반대로 행동한다.

상승장에선 시장에 막 진입한 초보자에게까지 좋은 매물이 가지 않는다. 이미 공인중개사 사무소마다 관리하는 손님이 있어 그들에게 먼저 연락이 가기 때문이다. 그러나 하락장이 오면 초보자에게도 싸고 좋은 매물을 잡을 수 있는 기회가 온다. 왜냐하면 평소 공인중개사 사무소에서 관리하는 손님들도 하락장에선 매수를 주저하기 때문이다. 이때 나오는 급매물은 시장을 돌아다닌다. 그렇기에 하락장에선 누구나 공평하게 급매물 정보를 접할 수 있고, 먼저 줍는 사람이 임자다. 이게 바로 초보자들이 하락장일 때 공부하기 좋은 마지막 이유다.

02

공장 투자의 오해와 진실 파헤치기

공장 투자는 어렵다?

누구에게나 새로운 일은 어려워 보인다. 그러나 막상 해보고 나면 별것 아니었음을 우리는 자주 느끼게 된다. 공장 투자도 마찬가지다. 일상에서 자주 접할 수 없기에 미지의 영역처럼 보이고 크고 무거운 기계, 기구들이 설치된 작업 환경을 생각하면 복잡한 마음부터 든다.

그러나 공장 투자는 생각보다 간단하다. 임대·매매가 잘되는 위치인지, 주변 지가가 꾸준히 상승하고 있는지 이 2가지만 알면 된다. 투자자 입장에선 공장 임대·매매 시 임차인 또는 매수인이 무엇을 제조하고 보관하는지 전혀 알 필요가 없다.

조금 더 쉽게 얘기해보자. 상가를 보유했는데 세탁소가 들어온다고 한다. 그럼 임대인은 임차인이 어떻게 가게를 운영하고 옷감을 무엇으로 세탁하는지, 어떤 세탁 기계를 놓으려 하는지 알 필요가 있는가? 음식집은 어떠한가? 철물점은 어떠한가? 무엇을 하든 주변에 피해가 없고 불법이 아니라면 임대인 입장에선 오로지 한 가지만 중요하다. 바로 월세가 잘 들어오고 향후 좋은 가격에 매각이 가능한지만 알면 된다.

공장 투자도 철저하게 같은 맥락이다. 정해진 보증금과 월세를 내고 공장이란 공간을 빌려 임차인이 그 안에서 기계, 기구를 들여와 사업을 한다. 또는 제품을 보관하는 창고로 이용한다. 이후 계약 기간이 만료되면 모두 이전 및 철거해서 나간다. 그럼 또 다른 임차인을 받으면 된다. 일반 수익형 부동산의 속성이 그대로 적용되기에 공장이라고 해서 어려울 게 없다. 단지 일반인에게 익숙하지 않을 뿐이다. 그렇기에 투자 상품의 관점에서 바라보면 어렵지 않게 접근할 수 있다.

공장 투자는 투자금이 많이 들어간다?

언론에서는 주로 수십조 원의 공장이 나온다. 초보 투자자 입장에선 이런 내용을 접하면 덜컥 겁부터 나기 십상이다. 그러나 공장 투자 시 작은 평수를 매입할 경우 대출을 활용하면 지방은 5천만 원 미만, 수도권은 1억 원 내외로 투자할 수 있다. 소액으로 충분히 접

| | | | 감 | 106,486,670 | | 유찰
유찰 4회
(41%) | 2023-12-22
(10:00)
입찰 17일전 | 355 |
| | | | 최 | 43,617,000 | | | | |

창고
2023 타경 10496 지도 보기
경남 함양군 지곡면 마산리 747 외 3개 목록
건물 183.03㎡(55.37평) / 토지 970㎡(293.43평) | 제시외 96㎡

| | 감 | 106,486,670 | | 유찰 유찰 4회 (41%) | 2023-12-22 (10:00) 입찰 17일전 | 355 |
| 최 | 43,617,000 | | | | |

공장
2023 타경 17324 지도 보기
충남 홍성군 홍동면 문당리 332-3 외 1개 목록
건물 206.25㎡(62.39평) / 토지 876㎡(264.99평) | 지상권, 선순위임차인

| 감 | 113,774,250 | 진행 유찰 1회 (70%) | 2023-12-12 (10:00) 입찰 7일전 | 155 |
| 최 | 79,642,000 | | | |

공장
2023 타경 2384 지도 보기
충남 보령시 오천면 원산도리 49-5
건물 116.52㎡(35.25평)|제시외 142.5 ㎡

| 감 | 122,181,000 | 유찰 유찰 1회 (70%) | 2024-01-09 (10:00) 입찰 35일전 | 51 |
| 최 | 85,527,000 | | | |

창고
2023 타경 33670 지도 보기
전북 전주시 완산구 상림동 366-5 외 2개 목록
건물 86.64㎡(26.21평) / 토지 308㎡(93.17평) | 지상권, 선순위임차인

| 감 | 126,801,440 | 유찰 유찰 2회 (49%) | 2024-01-08 (10:00) 입찰 34일전 | 286 |
| 최 | 62,133,000 | | | |

공장
2022 타경 4231 지도 보기
전북 김제시 용동 288 제1동 외 1개 목록
건물 190.9㎡(57.75평) / 토지 701㎡(212.05평)

| 감 | 133,977,200 | 유찰 유찰 2회 (49%) | 2024-01-29 (10:00) 입찰 55일전 | 225 |
| 최 | 65,649,000 | | | |

창고
2023 타경 2377(2) 지도 보기
충남 서천군 마산면 신장리 188 외 1개 목록
건물 198.12㎡(59.93평) / 토지 642㎡(194.21평)

| 감 | 137,614,800 | 진행 유찰 1회 (70%) | 2023-12-19 (10:00) 입찰 14일전 | 156 |
| 최 | 96,330,000 | | | |

창고
2023 타경 35 지도 보기
경북 예천군 예천읍 우계리 537-5 외 1개 목록
건물 200.4㎡(60.62평) / 토지 598㎡(180.9평) | 제시외 20.8 ㎡
| 선순위가처분

| 감 | 145,440,000 | 진행 유찰 1회 (70%) | 2023-12-12 (10:00) 입찰 7일전 | 58 |
| 최 | 101,808,000 | | | |

창고
2023 타경 273(3) 지도 보기
전북 남원시 신내면 덕동리 257 외 5개 목록
건물 40㎡(12.1평) / 토지 7256㎡(2194.94평)

| 감 | 181,995,200 | 유찰 유찰 2회 (49%) | 2023-12-26 (10:00) 입찰 21일전 | 245 |
| 최 | 89,178,000 | | | |

》 리스트를 보면 소액으로 공장 투자가 가능한 곳도 많다.

근이 가능하기에 관심이 있는 사람이라면 누구나 투자가 가능하다.

위 자료는 지방 공장 경매 물건을 가격 순으로 정렬한 것이다. 보는 바와 같이 지방은 감정가 1억 원대 물건부터 시작할 수 있다. 여기에 감정가 이하로 낙찰받은 경우 낙찰가의 80~90%를 대출을 받고 임차보증금까지 회수하면 실투자금은 더욱 줄어든다. 한마디로 지방 아파트에 갭투자를 할 수 있는 금액으로 공장 매입이 가

공장 2023 타경 1060 [지도 보기] 경기 양주시 덕정동 77-1 외 1개 목록 건물 112m²(33.88평) / 토지 364m²(110.11평) / 제시외 58 m²	감 최	293,303,000 293,303,000	신건 (100%)	2024-01-30 (10:30) 입찰 14일전	41
창고 2022 타경 82888 [지도 보기] 경기 포천시 신북면 심곡리 68-3 외 2개 목록 건물 275.11m²(83.22평) / 토지 688m²(208.12평) / 제시외 118.86 m²	감 최	315,696,680 220,988,000	진행 유찰 1회 (70%)	2024-01-17 (10:30) 입찰 1일전	333
공장 2023 타경 3525 [지도 보기] 경기 양평군 강상면 신화리 412 외 2개 목록 건물 132m²(39.93평) / 토지 748m²(226.27평) / 제시외 166.05 m² / 유치권	감 최	551,329,100 385,930,000	유찰 유찰 1회 (70%)	2024-02-07 (10:00) 입찰 22일전	218
공장 2023 타경 3167 [지도 보기] 경기 김포시 통진읍 동을산리 150-2 가동 외 2개 목록 건물 198m²(59.9평) / 토지 626m²(189.37평)	감 최	556,768,000 389,738,000	진행 유찰 1회 (70%)	2024-01-30 (10:00) 입찰 14일전	902
공장 2022 타경 4178 [지도 보기] 경기 양주시 광적면 석우리 340-1 가동 외 2개 목록 건물 330.76m²(100.05평) / 토지 1113m²(336.68평)	감 최	663,268,800 464,288,000	유찰 유찰 1회 (70%)	2024-02-06 (10:30) 입찰 21일전	519
공장 2023 타경 698 [지도 보기] 경기 화성시 봉담읍 왕림리 328-3 외 1개 목록 건물 396.64m²(119.98평) / 토지 500m²(151.25평) / 제시외 133.4 m² ㅣ불법건축물, 선순위임차인	감 최	713,596,560 244,764,000	진행 유찰 3회 (34%)	2024-01-29 (10:00) 입찰 13일전	1623
창고 2023 타경 41001(2) [지도 보기] 경기 평택시 현덕면 대안리 62 에이동 외 2개 목록 건물 168.94m²(51.1평) / 토지 1983m²(599.86평) / 제시외 560 m²	감 최	720,572,680 353,081,000	진행 유찰 2회 (49%)	2024-03-04 (10:00) 입찰 48일전	626
공장 2022 타경 44109 [지도 보기] 경기 김포시 월곶면 포내리 268-16 외 5개 목록 건물 598.48m²(181.04평) / 토지 3121m²(944.1평) / 제시외 72 m² ㅣ소유권가등기, 유치권	감 최	857,886,530 600,521,000	유찰 유찰 1회 (70%)	2024-02-06 (10:00) 입찰 21일전	569

》》 수도권도 경매로 공략하면 실투자금을 최소화할 수 있다.

능한 것이다.

　위 자료는 수도권 공장 경매 물건을 가격 순으로 정렬한 것이다. 보는 바와 같이 수도권은 상대적으로 토지 가격이 비싸다 보니 지방 대비 금액이 조금 올라간다. 보통 감정가 기준 4억 원대부터 시작한다. 앞서 말한 바와 같이 경매로 낙찰받은 경우 낙찰가의

80~90%를 대출 후 보증금까지 받는다면 실투자금은 1억 원 미만이 된다. 수도권에 내 땅 한 평 갖는 것이 소원이라면 공장을 적극적으로 공략해보자. 3~4억 원대 공장만 해도 보통은 토지가 495㎡(150평) 내외일 것이다. 구분상가나 아파트처럼 내 토지의 위치를 알 수 없는 지분 형태로 갖는 것이 아니다. 눈에 정확히 보이며 경계까지 명확한 내 땅을 단독으로 소유하게 된다.

공장 투자는 일반인과 상관없는 종목이다?

공장 투자는 그간 기업과 이 시장의 속성을 아는 소수만이 참여해서 수익을 내는 알짜 시장이었다. 일반 대중을 대상으로 하는 투자 강의가 없었을 뿐더러 심리적인 진입 장벽이 높아 쉽게 접근하지 못했다.

평소 고속도로를 달려 교외로 나가보면 기업들이 소유하고 있는 크고 작은 공장 건물들을 볼 수 있다. 겉으로 보기엔 단순 제품을 생산하는 공간으로서 활용하는 것처럼 보인다. 그러나 속을 들여다보면 부동산 투자를 하는 것이나 다름없다.

이런 방법은 개인의 입장에서도 충분히 가능한 투자법이다. 제조업을 하지 않는 개인은 월세를 주어 지가가 오를 때까지 여유롭게 기다리기만 하면 된다. 이후 주변 지가가 상승하면 매각하여 시세 차익을 얻으면 된다.

공장 개요
• 경기도 평택시 서탄면
• 토지 694m²(210평)
• 건물 264m²(80평)

투자 내역
• 매입 4.9억 원(평당 233만 원)
• 2,000/210만 원 임차 중
• 실투자금 6,800만 원(대출 82%+
  보증금)

예상 수익
• 현재 시세 7.3억 원(평당 350만 원)
• 시세 차익 2.4억 원

》》당시 투자한 공장. 객관적인 스펙이 좋아 현재까지 안정적으로 임대업을 하고 있다.

내가 아는 지인의 얘기를 해보겠다. 그는 직장인으로서, 경기도 평택이 향후 유망할 것으로 생각되어 2019년경 토지가 아닌 소형 공장을 매입하기로 결심하였다. 이후 꾸준히 임장하다가 예산에 맞는 매물이 나왔다고 생각해 토지 694㎡(210평), 공장 264㎡(80평)인 매매가 4억 9천만 원짜리 소형 공장을 매입하였다.

당시 신용이 나쁘지 않았고 감정평가 금액이 잘 나와 4억 1,000만 원 정도 대출을 받았다. 이후 임차 계약을 보증금 2,000만 원, 월차임 210만 원으로 체결하여 현재는 월세 210만 원을 매달 받고 있다. 최종적으로 대출 82%를 받고 보증금 2,000만 원을 회수하여 부대비용 제외 실투자금은 약 6,800만 원이 소요되었다. 매입 시점으로부터 약 4년이 지난 지금, 주변 지가가 많이 상승하여 최근 시세는 약 7억 3,000만 원 정도로 형성되어 있다. 6,800만 원을 투자하여 4년 만에 2억 4,000만 원 정도의 수익이 났으니, 수익률은 약

400%에 육박한다. 여기에 매월 받은 임대료까지 생각한다면 수익률은 더 올라갈 것이다.

해당 지역은 삼성 등 각종 대형 호재로 인해 인구가 꾸준히 증가하고 지가가 상승하고 있는 지역이다. 따라서 지가가 오름에 따라 공장 매매가도 올라 높은 수익률을 기록할 수 있을 것이다. 이렇듯 향후 지가가 오를 만한 곳에 공장을 매입해 월세를 받으며 기다리기만 하면, 누구나 훌륭한 수익을 낼 수 있다.

부린이가 쉽게 부동산 고수가 되는 방법

한 분야에서 고수가 되는 방법은 간단하다. 먼저 이론을 학습한 뒤 과감히 실행한다. 이후 실행을 계속해서 반복하면 된다. 그러다 보면 실수는 점점 줄어들게 되고, 마침내 고수의 반열에 오를 수 있다. 물론 사람마다 최종 목적지에 도착하는 시간은 다르겠지만, 이 루틴을 잘 지킨다면 누구나 원하는 분야에서 고수가 될 수 있을 것이다.

부동산 투자도 마찬가지다. 책이나 강의를 통해 기본적인 이론을 학습한 뒤 꾸준히 임장하고 작은 물건부터 매입하다 보면 어느새 실력과 자신감이 쌓이게 된다. 결국 포기하지 않고 꾸준히 해낸다면 부동산 고수가 될 수 있는 것이다.

그러나! 우리는 나약한 인간이기에 '꾸준히'라는 성벽 앞에서 늘 무너진다. 오죽하면 '작심삼일'이라는 말이 생겼겠는가? 더불어 과감히 실행하는 사람은 늘 소수에 불과하다. 나 역시 부동산 공부를 할 때 포기하고 싶은 순간이 많았다. 더 이상 실력이 늘지 않는 느낌이 들었고 수익은 고만고만했다. 실행에 대한 두려움도 있었고 이 길이 맞나 싶었다. 그러나 여기까지 올 수 있었던 이유는 바로 환경 설정을 통해 스스로 계속해서 동기 부여를 했기 때문이다.

이론을 학습하고 무한 반복해서 실행하다 보면 반드시 지치는 순간이 온다. 그때 혼자였다면 아마 쉽게 포기했을 것이다. 그러나 나는 온·오프라인을 가리지 않고 투자자들이 활동하는 모임에 적극적으로 참석했다. 그곳에서 다양한 투자 사례를 접할 수 있었고, 서로 정보를 교류하며 새로운 자극을 받았다. 지칠 때면 같은 길을 걸어가고 있는 사람이 내 옆에 있다는 생각에 큰 힘이 됐다. 이렇게 투자를 할 수 밖에 없는 상황에 스스로를 계속해서 밀어넣었다. 그러다 보니 함께할 수 있는 동료가 생겼고 외롭지 않게 투자 공부를 할 수 있었다.

실제로 나와 함께 공부하는 제자 중 성과를 내는 대부분의 사람은 커뮤니티 활동을 열심히 하는 사람들이다. 이들은 온·오프라인을 가리지 않고 적극적으로 참여한다. 그리고 동료를 만들어 같이 임장을 다니고 모임 속에서 늘 새로운 자극을 받으며 성과를 낸다.

반대로 성과를 내지 못하고 떠나는 사람은 커뮤니티 활동을 많이 하지 않는다. 이유는 간단하다. 환경 설정이 되지 않은 상태에서 본인 의지로만 하려고 하기 때문이다. 사람은 누구나 시간이 지나면 열정이 사라지고 의지가 꺾이게 된다. 그렇기에 이를 '환경'으로 극복해야 한다. 결국 내 관심사와 비슷한 사람들이 모인 곳으로 나를 던져 환경을 세팅해야 내 성공 확률이 올라가는 것이다.

내가 경험해본 커뮤니티 중에서는 '행복재테크'가 가장 체계적이었다. 의지만 있다면 수시로 진행되는 임장 모임에 참여할 수 있고, 이를 통해 투자 인맥을 형성할 수 있다. 더불어 분기 또는 반기별로 진행되는 대형 행사도 많다. 이런 모임과 행사에 꾸준히 참여한다면, 지치지 않고 해낼 수 있는 환경에 나를 밀어넣게 될 것이다.

결국 투자는 누가 시켜서 하는 게 아니다. 스스로 능동적으로 해내야 하는 영역이다. 그렇기에 어느 정도 강제성을 띠거나 동기 부여를 지속적으로 할 수 있는 환경을 조성해야 한다. 그래야 롱런할 수 있다.

≫ 행복재테크 내엔 다양한 수업과 모임, 행사가 구성되어 있다.

쉽게 시작하는 공장 투자의 모든 것

03

공장 투자 쉽게 하는 비결

가치 투자 vs 공격적인 투자

공장 투자로 수익을 내고 싶다면 먼저 숲을 보고, 그다음 나무를 봐야 한다. 숲을 보는 방법에는 두 가지가 있다.

첫째, 이미 제조업 관련 인프라가 갖춰져 있고 공장이 밀집된 지역에 투자하는 방법이다. 즉 '가치 투자'라고 표현할 수 있겠다. 이 지역의 특징은 기본적으로 공장이 몰려 있기에 인프라가 잘 갖춰져 있으며 임대·매매 수요가 탄탄하다. 그렇기에 초보자가 진입하기 좋은 시장이다. 수도권 및 5대 광역시 기준으로 볼 때 지가는 완만하게 오르는 경향을 보인다. 따라서 안정적인 현금 흐름 및 시세 차익을 통한 수익을 얻을 수 있다. 이는 시간이 지나 지가가 우상향하는 흐름에 올라타는 방법이다.

수도권은 김포, 고양, 파주, 양주, 포천, 광주, 안성, 평택, 화성 등지에서 공장 밀집지역을 찾아볼 수 있다. 지방은 5대 광역시 포함 강원도 원주, 충남 천안, 전라 전주, 경상 김해, 양산, 경산 정도이며 대부분 도시 중심지를 벗어난 외곽지역에 위치해 있다.

둘째, 제조업이 밀집된 곳이 아닌 대형 호재가 있는 곳에 위치한 공장을 매입하여 토지를 선점하는 공격적 개념의 투자 방법이다. 이 지역은 제조 인프라가 갖춰져 있지 않기에 공장(창고)에 대한 임대·매매 수요가 탄탄하지 않다는 단점이 있다. 그러나 호재가 실현되며 지가가 계단식으로 가파르게 올라 단기간에 큰 시세차익을 얻을 수 있다.

2014년경 경기도 평택 관내에 삼성전자가 들어오면서 주변 지가가 많이 올라 공장 소유주들이 큰 시세 차익을 낸 적이 있다. 삼성전자가 착공할 당시만 해도 평택 공장 시장은 제조 인프라가 잘 갖춰져 있지 않아 수요자들에게 인기 있는 지역은 아니었다. 그러나 삼성전자가 착공하고 협력사가 들어오면서 높아지는 수요와 함께 주변 지가가 오르고 임대·매매가 활성화되었다. 당연히 공장주들은 높은 수익을 내게 되었다.

고속도로가 신규로 건설되어 IC가 개통되는 경우도 큰 호재 중 하나이다. 서울~세종 간 제2경부고속도로 구간에 개설되는 IC 인근 역시 지가가 많이 올랐으며, 공장 소유주들에게 높은 수익을 안겨주고 있다. 지방의 경우도 IC가 개통되면 교통량이 많아지기에 주변 토지가가 상승하고, 인근에 토지를 깔고 있는 부동산들의 가격이 올라간다.

만약 호재가 있는 지역의 토지만 매집했다면, 현금 흐름이 발생하지 않아 보유하고 있는 동안 이자 납입에 대한 부담감이 있을 것이다. 그러나 위에서 언급한 사례처럼 공장을 매입하면 건물에서 나오는 현금 흐름으로 이자를 충당하고, 지가가 원하는 만큼 오를 때까지 마음 편히 기다릴 수 있다. 따라서 지가가 오를만한 곳에 토지 대신 공장을 매입하는 것도 좋은 투자 방법 중 하나이다.

공장을 매입하는 3가지 방법

공장을 매입하는 방법은 다음과 같다.

첫째, 신축 분양을 받는 방법이다. 이는 일반 아파트를 분양하는 것과 비슷하다. 공장을 공급하는 시행사에서는 부지를 확보한 뒤 착공 전후 시점에 분양을 시작한다. 그럼 현장 인근 공인중개사 사무소에선 해당 매물을 접수한 뒤 손님에게 브리핑을 한다. 공장은 아파트처럼 큰 규모로 대형 건설사에서 짓는 게 아니다. 그렇다 보니 언론을 통해 분양 광고가 나오지 않는다. 그렇기에 대부분의 분양은 지역의 공인중개사 사무소에서 진행한다. 이 방식의 장점은 신축이다 보니 깨끗하고 대부분의 수요자가 선호한다는 것이다.

공장의 계약 조건은 간단하다. 보통 계약금은 10%이며 중도금은 없거나 협의한다. 잔금은 준공 후 대출을 받아 납입하는 형태가 일반적이다. 공장은 아파트와 달리 착공부터 준공까지 4~6개월 정도가 소요된다. 아파트에 비하면 굉장히 속도감 있게 진행된다. 공장은 보통 가건물 형태로 철골을 올리고 판넬을 붙이면 공정의 90%가 끝난다. 이런 이유로 교외지역에 나가보면 몇 개월 단위로 거리의 느낌이 달라지기도 한다.

다음 사례를 보자. 내 제자 중 한 명이 신축 공장을 분양받아 수익을 낸 사례이다.

>> 좌: 최초 계약 시점, 우: 준공 후 입주한 모습

본 물건의 스펙을 살펴보면 토지 694㎡(210평), 건물 198㎡(60평)로 수요가 탄탄한 소형 면적에 해당한다. 2022년 중순경 4억 7,000만 원에 매입하였으며 현재 보증금 1,650만 원, 월차임 165만 원에 세를 받고 있다.

공장 개요
- 경기도 화성시 장안면
- 토지 694m²(210평)
- 건물 198m²(60평)

투자 내역
- 매입 4.7억 원(평당 223만 원)
- 1,650/165만 원 임차 중
- 실투자금 8,700만 원(대출 78%+ 보증금)

예상 수익
- 현재 시세 6.3억 원(평당 300만 원)
- 시세 차익 1.6억 원

　최종 투자 금액은 대출 78%를 받고 보증금 1,650만 원을 회수하여 8,700만 원이 투입되었다. 운이 좋게도 매입 이후로 해당 지역의 지가가 급등하여 현재 시세는 약 6억 3,000만 원 정도로 형성되어 있으며, 시세 차익은 1억 6,000만 원 정도로 예상된다. 결론적으로 8,700만 원을 투자하여 분양받은 뒤 짧은 기간 내 약 200%에 가까운 수익을 올렸다.

　둘째, 준신축 또는 구축을 매입하는 방법이다. 이 방식의 장점은 임차를 마친 공장을 매입할 경우 즉시 현금 흐름이 발생한다는 것이다. 더불어 선택의 폭이 가장 넓으며 급매를 잡을 수 있다. 일반적인 중개 형태로, 공인중개사 사무소를 통해 매물을 소개받고 매입하면 된다. 계약 조건은 계약금 10%, 잔금 90%가 일반적이나 상황에 따라 매도인 측에서 중도금을 요구하는 경우도 있다. 잔금은 보통 계약 후 1~3개월 이내에 치르는 게 일반적이다.

　마지막 셋째, 경·공매를 이용하는 방법이다. 권리분석만 할 수 있다면 가장 저렴하게 매입이 가능한 방법이다. 공장 경매라고 해서 어려울 게 없다. 물건 내에 유치권, 법정지상권, 폐기물이 쌓여 있는 등 특수한 권리가 설정된 물건을 제외한 뒤 권리분석이 간단한 물건만 입찰해도 충분히 수익을 낼 수 있기 때문이다. 명도 역시 인도명령제도가 잘 마련되어 있으므로, 대항력을 갖춘 임차인이 있는 게 아니라면 대부분 손쉽게 가능하다.

다음 사례를 보자. 경매로 공장을 취득한 뒤 단기간에 매각하여 큰 수익을 올린 케이스이다. 본 물건은 낙찰 시 '말소기준권리' 이하 모든 권리사항이 '말소'되는 것으로, 낙찰자가 인수하는 권리가 전혀 없는 깨끗한 물건이다. 더불어 소유자가 직접 점유하고 있어 명도도 쉽게 진행되었다.

등기부 현황(건물) 채권액 합계 8,640,040,458 열람일자 2022.07.19 〔토지등기〕〔건물등기〕〔유의사항〕

접수번호	등기목적	권리자	채권금액	기타등기사항	소멸여부
2015.10.22 (223538)	소유권이전	▇▇▇		보존	
2015.10.22 (223539)	근저당권	중소기업은행	3,900,000,000	말소기준권리	소멸
2015.11.02 (233304)	근저당권	중소벤처기업진흥공단	232,800,000		소멸
2021.06.09 (122118)	가압류	경기신용보증재단	180,000,000	지원 2021	소멸
2021.06.10 (123288)	가압류	기술보증기금	382,500,000	지원 2021	소멸
2021.07.20 (157166)	가압류	국민은행	20,769,091	지원 2021	소멸
2021.07.22 (158876)	임의경매	중소기업은행	청구금액 3,923,971,367	2021	소멸

>> 공장은 경쟁률이 낮아 좋은 물건도 저렴하게 낙찰받을 수 있다.

당시 본 물건은 시세보다 상당히 저렴하게 감정되었고 1회차에 단독 입찰하여 감정가 수준에 낙찰받았다. 일반적인 상가나 아파트였다면 1회차에도 다수의 사람이 몰려 입찰 경쟁을 벌였을 것이다. 해당 물건은 투자 금액이 큰 만큼 마음이 맞는 다수의 제자끼리 모여 공동 투자해 부담을 줄이는 방향으로 진행되었다.

본 물건의 스펙을 살펴보면 경기도 화성시 서신면에 위치한 공장으로 토지 4,431㎡(1,340평), 건물 2,025㎡(612평)이다. 낙찰 시기는 2022년 하반기이다. 실투자금은 낙찰 금액 대비 약 80% 대출을 받아 7.3억 원이 투입되었다. 이후 해당 물건을 임대로 내놓지 않고 바로 매물로 내놓았다. 왜냐하면 그만큼 저렴했기에 단기에 매

공장 개요
- 경기도 화성시 서신면
- 토지 4,431m²(1,340평)
- 건물 2,025m²(612평)

투자 내역
- 낙찰 36.8억 원(평당 275만 원)
- 실투자금 7.3억 원(대출 80%)

예상 수익
- 53억 원 매각 완료(평당 395만 원)
- 시세 차익 16억 원

부동산(공장) 매매 계약서

매도인과 매수인 쌍방은 아래 표시 부동산에 관하여 다음 계약 내용과 같이 매매계약을 체결한다.
1. 부동산의 표시

소 재 지	경기도 화성시 서신면				
토 지	지 목	공장용지		면 적	4431.8 ㎡
건 물	구 조	일반철골구조	용 도 공장	면 적	2025.73 ㎡

2. 계약내용
제1조 [목적] 위 부동산의 매매에 대하여 매도인과 매수인은 합의에 의하여 매매대금을 아래와 같이 지급하기로 한다.

매매대금	금 오십삼억원정	(₩5,300,000,000)	
계약금	금 오억삼천만원정	은 계약시에 지급하고 영수함. ※영수자	
잔 금	금 사십칠억칠천만원정	은 　　　 길에 지급함	

>> 당시 부동산 매매 계약서

각해도 충분히 수익을 낼 수 있었기 때문이다. 여러 공인중개사 사무소에 내놓았고 몇 번의 조정을 거친 후 단시일 내 최종 53억 원에 매매 계약을 체결하였다. 잔금을 모두 수령한 뒤 소유권 이전이 완료되었으며, 수익률은 실투자금 7.3억 원 대비 약 200%를 넘기며 세전 16억 원의 수익을 올린 케이스이다.

공장 대출 잘 받는 방법

공장 대출은 일반적으로 매매가의 60~70% 정도 가능하며 실제 제조업을 운영하고 있거나 경매로 낙찰받게 되면 80~90%까지 가능하다. 그렇다면 어떻게 해야 좋은 조건에 대출을 받을 수 있을까? 크게 3가지 방법이 있다.

첫째, 신축 분양을 받았다면 시행사 측에 요청해 협약 은행을 소개받는 방법이 있다. 시행사는 단지를 개발하고 분양 사업을 하면서 어느 은행에서 대출을 많이 해주는지 대략적으로 알고 있다. 평소 금융기관을 자주 이용해 여러 은행과 소통이 이뤄지기 때문이다. 더불어 해당 분양단지 대출을 실행해준 은행을 소개받을 경우, 현장에 대한 이해도가 높아 일반 은행보다 더 좋은 조건으로 이용이 가능하다. 따라서 계약 전후 시점에 금융기관을 소개해줄 수 있는지 물어보도록 하자.

둘째, 공인중개사 사무소를 통해 소개받는 방법이다. 평소 다양한 금융기관에서 공인중개사 사무소를 방문하여 대출이 필요한 사람을 소개해달라고 영업을 하곤 한다. 시행사처럼 소장님들 역시 어느 금융기관에서 대출을 많이 해주는지 알고 있는 경우가 많다. 더불어 공인중개사 사무소에서 소개해준 은행의 경우 해당 지역을 잘 알고 있기에 대출 과정이 좀 더 수월하다. 일 처리가 매끄럽지 못한 소장님을 제외하고 신뢰할만한 소장님을 만난 경우 그분들의 인프라를 잘 활용한다면 매매 과정이 좀 더 쉬워질 것이다.

셋째, 직접 발품 팔기다. 발품 중 가장 일반적인 방법은 은행에 직접 방문하는 것이다. 대면하여 상담을 받을 수 있기에 구체적인 질문 등이 가능하다. 그러나 지점을 일일이 방문해야 하는 번거로움이 있다. 가끔 은행마다 다르긴 하지만, 유선으로 상담 후 필요 서류를 팩스로 발송해도 신용도 및 대출 가능 금액까지 조회 가능한 금융기관이 있다. 그러니 발품 전 미리 유선 상담을 진행해보도록 하자.

은행에 직접 방문하는 것 말고는 대출상담사를 이용하는 방법이 있다. 경매 법정에 가면 다양한 대출상담사가 나와 자신들의 명함을 건네주곤 한다. 대출이라면 경락잔금, 일반 매매 등 가리지 않고 금융기관을 알선해준다. 대출상담사를 통해 대출을 진행하면 별도의 수수료가 있지는 않으나 법무 비용이 조금 더 비싸다. 속을 들여다보면 법무 비용에 수수료가 대부분 포함되어 있다. 그러나 너무 아까워하지 않아도 된다. 앉은 자리에서 다양한 금융기관의 대출 한도와 금리를 쉽게 비교할 수 있기 때문에 나의 시간을 그만큼 절약해준다. 매입하려는 물건이 정해졌다면 정보를 정리해 대출상담사에게 문자를 보내보자. 다양한 피드백이 올 것이고 그중 가장 좋은 조건의 금융기관을 선택하도록 하자.

» 대출상담사의 연락처를 관리하는 것도 시간을 절약하는 방법 중 하나다.

공장 수요와 공급

아직까지 공장은 대중화된 투자 종목이 아니기에 많은 투자자가 진입하지 않는다. 그래서 실사용자가 수요의 대부분을 이루고 있다. 이런 이유로 타 부동산 대비 투자 수요가 유입되지 않아 시세 흐름의 부침이 덜하다. 일반적으로 투자 수요가 유입되는 투자 상품의 경우 유동 자금이 빠져나갈 시 시세가 빠지는 경향을 보인다. 그러나 공장은 그렇지 않다. 오로지 토지 시세 흐름에 따라 등락 폭이 결정된다.

공급 측면을 살펴보면, 공급자는 대부분 중소형 시행사 및 건설사다. 아파트 및 대형 건축물과 다르게 1군 건설사가 시행, 시공하지 않는다. 공사 규모 및 금액이 크지 않기에 대형 건설사가 진입하기엔 체급이 맞지 않기 때문이다. 더불어 공장은 아파트 및 지식산업센터가 공급되는 규모와 달리, 보통 한 현장에서 공급되는 공급량이 건물 동수 기준 3~8동 사이가 일반적이다. 따라서 공급 과잉으로 인해 가격이 흔들리는 모습은 나타나지 않는다.

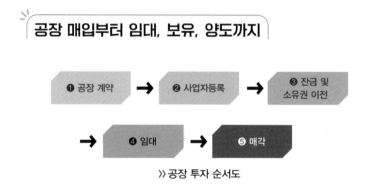

공장 매입부터 임대, 보유, 양도까지

❶ 공장 계약 ➡ ❷ 사업자등록 ➡ ❸ 잔금 및 소유권 이전 ➡ ❹ 임대 ➡ ❺ 매각

》 공장 투자 순서도

1. 공장 계약

공인중개사 사무소를 통해 괜찮은 물건을 소개받고 매입을 결심했다면 계약 절차가 진행된다. 일반적으로 계약 시 계약금 및 잔금 일정, 임차인이 있는 경우 명도 협의, 건물분 부가세액 등을 협

의한다. 큰 틀에서 어떻게 진행해야 하는지 살펴보도록 하자.

첫째, 매매 대금이다. 공장 계약금은 보통 10% 수준에서 협의된다. 중도금은 매도자 상황에 따라 요구하는 곳과 그렇지 않은 곳이 있으나 일반적으로 중도금 없이 진행하는 경우가 많다. 잔금은 계약 후 보통 1~3개월 이내에 지급하고 계약금 10%를 제외한 나머지 90%를 입금함과 동시에 소유권 이전 절차를 마무리한다.

둘째, 임차인 명도이다. 공장 매매 계약 시 임차인이 있는 경우 실사용자라면 당연히 매도인 명도 책임 특약을 넣어야 한다. 공장 임차인도 상가임대차보호법을 적용받는다. 만약 명도 특약을 넣지 않고 소유권 이전 절차를 마무리하고 임차인이 10년 임차 권리를 주장했다면, 실입주를 하지 못해 낭패를 볼 수 있기 때문이다. 그러나 만약 직접 사용하지 않고 월세를 받기 위해, 즉 '투자'가 목적이라면 별도의 명도 특약은 넣지 않아도 무방하다. 이때는 매수인이 현 임차인을 인수한다는 특약으로 간단히 마무리하면 된다. 더불어 총 매매 대금에서 현 임차인이 매도인에게 지급한 보증금은 제한 뒤 최종 매매 대금을 지급하면 된다.

셋째, 건물분 부가세이다. 건물분 부가세는 잔금 시 지급하기에 계약 시점엔 건물가액을 얼마로 할 건지 협의만 하면 된다. 보통은 매도인 측에서 건물가액에 대한 기준을 잡고 공인중개사가 협의해주기에 해당 금액을 기준으로 건물가액의 10%를 매도인에게 추가로 지급하면 된다.

2. 사업자등록

공장을 매입해 임대 사업을 하고자 하는 경우 사업자등록증이 필수로 있어야 한다. 임대료에 관한 계산서 발행 및 매매 시 건물분 부가세를 주고받기 위해서다. 이때 개인의 경우 간이과세자는 부가세 환급이 불가하기에 일반과세자로 사업자를 내는 것이 유리하다.

사업자등록은 개인과 법인에 상관없이 물건지별로 등록해야 한다. 다만 법인의 경우 세무서에 '사업자단위과세'*를 신청하면 하나의 본점 사업자등록번호로 통합하여 관리할 수 있다. 사업자등록을 물건지별로 할 필요가 없어지는 것이다. 예를 들어 부가세 납부 및 환급, 세금계산서 수취와 발행, 세금 신고 및 납부 업무 등을 하나로 통합하여 관리할 수 있다. 즉 물건지별로 할 필요가 없어 업무의 효율성이 높아진다.

사업자등록은 주소지 또는 물건지 인근 세무서에 방문하여 신청할 수 있으며, 국세청 홈택스에 접속하여 온라인으로도 가능하다. 만약 세무 사무실에 기장을 맡길 경우 세무대리인에게 요청하면 된다. 매매 잔금 시 건물분 계산서를 주고받기 위해 사업자등록증이 필요하니 잔금 전 발급이 완료되어야 한다. 만약 투자자라면

---

* '사업자단위과세'란 다수의 사업장을 소유 또는 운영하고 있는 경우 하나의 주된 사업자등록번호로 통합하여 세금 등을 신고, 납부할 수 있는 제도를 말한다.

사업자등록 시 업종 및 업태에 부동산 임대업이 있어야 향후 월세를 받고 계산서를 발행할 수 있다. 이 점도 참고하도록 하자.

3. 잔금 및 소유권 이전

매입한 물건지에 사업자등록이 완료되었다면 이제 잔금을 치를 준비가 모두 완료된 것이다. 잔금 시 필요한 금액은 매매 대금 잔금, 건물분 부가세 10%, 취득세 4.6%, 법무사비, 중개수수료이다.

매매 대금은 최초 계약 시 계약금 10%를 지급한 경우 나머지 90%를 지급하면 되고, 만약 중도금이 있었다면 '계약금+중도금'을 제외한 잔금을 지급하면 된다. 건물분 부가세는 잔금일 매매 대금과 별도로 매도인에게 지급해야 한다. 이때 건물분에 대한 부가세액을 정하기 위해 기준이 되는 건물가액을 계산해야 하는데, 이는 보통 세무대리인에게 의뢰하여 계산한다. 관례상 매도인 측에서 계산하여 기준을 잡으니 만약 매수인이라면 매도인이 정한 금액을 기준으로 하고, 매도인이라면 세무대리인에게 의뢰하여 건물가액을 미리 계산해달라고 요청하면 된다.

다음으로 취득세이다. 공장 취득세는 보유한 공장 개수와 상관없이 '매매 대금×4.6%'를 일괄 적용받는다. 개인과 법인 모두 동일하며, 중과가 없어 '4.6%'만 기억하면 된다. 나머지 법무사 비용은 잔금 전 미리 보수표를 요청하여 금액을 사전에 조율하면 되고, 중개 보수는 매매 금액의 0.9% 이내에서 협의하면 된다.

모든 금액이 정산되어 잔금 지급이 완료되었다면 당일에 담당 법무사가 등기소에 소유권 이전 서류를 접수한다. 이후 접수일로부터 영업일 기준 3~5일 뒤 이전등기가 완료되면 수일 이내 등기권리증을 법무사로부터 교부받을 수 있다. 더불어 잔금 시 지급한 부가세는 매도인이 발행해주었던 건물분 세금계산서를 첨부하여 세무서에 환급 신청해 돌려받으면 된다. 신청 방법은 주소지 인근 세무서에 직접 방문하거나 홈택스에 접속해 온라인 신청도 가능하다.

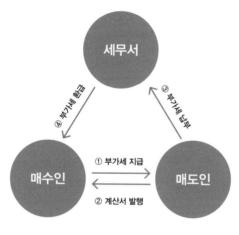

>> 건물분 부가세의 환급 흐름

4. 임대

임대는 일반적으로 공인중개사 사무소에 의뢰하여 임차 계약까지 이뤄진다. 임차 시 임대료의 10% 부가세는 별도이며, 임대인은 계산서를 발행해주면 된다. 공과금은 임차인이 직접 부담하는

데, 보통 전기세 및 수도세 정도이다. 다만 일부 공장은 상수도가 아닌 지하수를 사용한다. 만약 지하수를 사용하는 공장이 있다면, 수도세는 별도로 청구되지 않고 전기세만 부담한다. 왜냐하면 지하에서 물을 올려 사용할 시 모터 펌프가 돌아가기 때문이다.

공장은 관리비가 별도로 발생하지 않는다. 일반 상가 건물처럼 공용으로 쓰는 엘리베이터나 화장실 등이 없기 때문이다. 오로지 내가 사용한 부분에 대해서만 공과금을 납부하며, 임차 기간 동안은 임차인이 부담하기에 임대인은 특별히 신경 쓸 필요가 없다.

5. 매각

목표 수익률에 도달해 매각하고자 할 경우 절차는 어렵지 않다. 매수인이 정해지면 계약금 및 잔금 시기, 토지를 제외한 건물가액을 협의하면 된다. 여기서 건물가액은 건물분에 대한 부가세를 발행할 때 기준 금액을 잡기 위해서다. 예를 들어 10억 원짜리 공장을 매각하려고 하는데 건물가액이 3억 원으로 나왔다면 3억원의 10%인 3,000만 원이 건물분 부가세이다. 이는 매매 대금 외에 별도로 받는 금액이다.

건물가액을 계산하기 위해선 앞서 배운 바와 같이 세무사 사무소에 의뢰하여 계산해달라고 요청하면 된다. 매수 시 건물분 부가세를 매도인에게 지급했다면, 이제는 매수인에게 부가세를 받아 신고, 납부하면 된다. 당연히 매수인 앞으로 건물가액에 대한 세금

>> 공장 매각 절차

계산서를 발행해줘야 한다.

　공장 양도 시 개인은 양도소득세를, 법인은 법인소득세를 납부한다. 만약 임차인이 있는 상태에서 매각한 경우 총 매매 대금에서 임차인 보증금을 차감한 금액을 수령하면 된다. 공장 매각 절차는 어렵게 생각할 필요 없이 일반 상업용 건물을 매매하는 절차와 같다고 이해하면 되겠다.

지표로 공장 업황 간단히 확인하기

　통계청에서 제공하는 몇 가지 지표를 통해 기업 경기를 대략적으로 알아볼 수 있다. 앞으로 나올 지표는 공장 시장의 임대·매매 수요를 예측하고 가늠해볼 수 있는 지표로, 공장 투자자라면 참고해볼 만하다. 다음에서 소개하는 통계 자료는 모두 통계청에서 확인 가능하다. 이 지표들을 다운받아 엑셀로 가공하면 조금 더 보기 쉽게 편집할 수 있다.

한 가지 유의할 점은 이 지표들을 통해 전반적인 분위기는 확인할 수 있지만, 지역별 세부적으로 느끼는 분위기는 다를 수 있기에 꼭 현장 임장을 통해 지역 흐름을 파악하는 습관을 들여야 한다는 것이다. 만약 매월 지수를 일일이 확인해 그래프로 만드는 게 어렵다면 나의 네이버 블로그를 방문하여 참고해도 좋다. 잘 정리해두었으므로 도움이 될 것이다.

1. 기업경기실사지수(BSI)

> **● 기업경기실사지수 확인하는 방법 ●**
>
> ① 통계청 사이트 접속(kostat.go.kr) → ② 국가통계포털 → ③ '국내통계' 클릭 → ④ 주제별 통계 → ⑤ 경제일반·경기 → ⑥ 기업경기조사 → ⑦ 기업경기실사지수(한국은행, 전국, 전기간) → ⑧ 기업경기실사지수(실적) 수록기간 2003.01~ → ⑨ 전산업 업황 실적1) 확인
>
> *⑧번까지 클릭 후 시점 메뉴에서 기간 설정 가능

기업경기실사지수(BSI)는 기업체가 느끼는 체감 경기를 나타내는 지표로 0~200까지의 값으로 나타낸다. 100을 기준으로 이보다 낮으면 기업 경기를 부정적으로 보는 기업체가 많은 것이고, 반대의 경우 긍정적으로 보는 업체가 많은 것으로 이해하면 된다. 기업 경기를 긍정적으로 전망하는 업체가 많아질수록 설비 투자를 늘릴 것이고, 반대인 경우 줄일 것이다. 이는 곧 공장 임대·매매시장의

거래량 증가 또는 감소로 이어진다.

아래 자료를 보면 코로나가 발생했을 때 기업의 체감 경기가 급강하했다가 다시 상승한 것을 볼 수 있다. 이후 완만히 하락한 뒤 보합하는 추세로 돌아선 모습을 볼 수 있다.

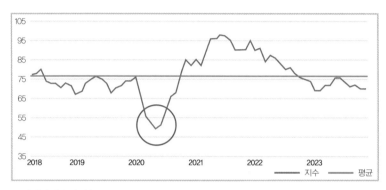

>> 기업경기실사지수

2. 제조업 평균가동률

> **● 제조업 평균가동률 확인하는 방법 ●**
>
> ① 통계청 사이트 접속(kostat.go.kr) → ② 국가통계포털 → ③ '국내통계' 클릭 → ④ 주제별 통계 → ⑤ 광업·제조업 → ⑥ 광업제조업동향조사 → ⑦ 생산능력, 가동률 → ⑧ '제조업 평균가동률' 클릭
>
> *⑧번까지 클릭 후 시점 메뉴에서 기간 설정 가능

제조업 평균가동률이란, 기업에서 보유한 설비의 월간 생산 능

력 대비 평균적인 생산 비율을 나타낸 지표이다. 만약 경기가 좋아 제품을 많이 생산했다면 설비 가동률이 올라갈 것이고, 반대로 경기가 좋지 않아 제품 생산이 줄었다면 설비 가동률이 하락할 것이다. 이를 지표로 나타낸 게 제조업 평균가동률이다. 이 지수는 뉴스에서 제조 경기를 가늠할 때 자주 사용하는 중요한 지표 중 하나이다.

아래 그래프를 살펴보자. 앞서 살펴본 기업경기실사지수와 마찬가지로, 코로나 시기 실제 소비가 급감하면서 공장 가동률이 63.6까지 하락한 것을 확인할 수 있다. 이후 급격히 상승했다가 다시 평균으로 돌아섰다. 이 지표를 통해 제조업체들이 현장에서 체감하고 있는 경기 수준을 가늠해볼 수 있다.

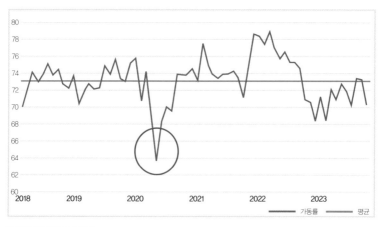

>> 제조업 평균가동률

3. 제조업 재고율

제조업 재고율 지수는 재고, 출하 비율을 보여준다. 자본주의 사회에선 기업 경기 영향에 따라 경기가 좋으면 재고가 감소하고, 반대의 경우 재고가 증가한다. 재고율 지수는 실사지수 및 평균가 동률과 다르게 수치가 올라갈수록 경기가 좋지 않은 것이고, 수치가 낮아질수록 경기가 좋음을 의미한다. 앞선 데이터와 마찬가지로 코로나 시기 때 좋지 않았다가 이후 회복하는 비슷한 패턴을 보이고 있다.

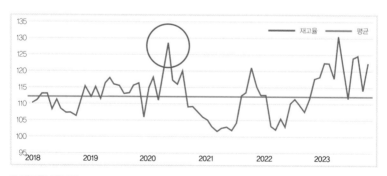

>> 제조업 재고율

좋은 공인중개사 사무소를 찾는 방법

투자할 때는 좋은 공인중개사 사무소를 찾는 게 중요하다. 왜냐하면 사무소마다 보유하고 있는 매물의 수가 다르고, 적극적인 영업 성향을 갖고 있는 소장님을 만날 경우 나에게 좀 더 유리한 방향으로 협상을 진행해주기 때문이다.

좋은 공인중개사 사무소의 기준은 '영업력'이다. 영업력이 좋아야 손님에게 좋은 인상과 느낌을 줄 수 있고, 많은 매물을 보유할 수 있다. 더불어 부동산을 거래함에 있어 양쪽을 대변하여 유연하게 대처해 거래를 부드럽게 성사시킨다.

좋은 공인중개사 사무소를 찾는 방법은 크게 온라인과 오프라인으로 나눌 수 있다. 먼저 온라인을 살펴보도록 하자. 온라인에선 대면할 수 없기 때문에 광고를 적극적으로 하는 공인중개사 사무소를 찾아야 한다. 적극적으로 영업하는 곳이 일반적으로 매물이 많다. 온라인 광고는 블로그, 유튜브, 인스타그램 등 다양한 매체가 있지만, 그중에서 '네이버 부동산'**을 보면 빠르게 확인할 수 있다.

확인 방법은 간단하다. 먼저 '네이버 부동산'에 접속한 후 내가 투자하고자 하는 지역으로 이동한다. 그 뒤 ①번을 클릭한 뒤 공장(창고) ②번을 선택한다(표시된 좌측 리스트엔 해당 지역의 매물을 등록한 모든 공인중개사 사무소가 나타난다). 리스트에서 매물(③) 하나를 클릭하면 우측으로 새로운 창이 생성된다. 이후 오른쪽 창의 스크롤을 하단으로

** 자세한 이용 방법은 부록을 참고하자.

내리면 해당 매물을 올린 공인중개사 사무소 정보를 확인할 수 있다. 그중에서 우리는 해당 공인중개사 사무소에서 현재 네이버에 광고 중인 총 매물 개수(④)를 확인하면 된다.

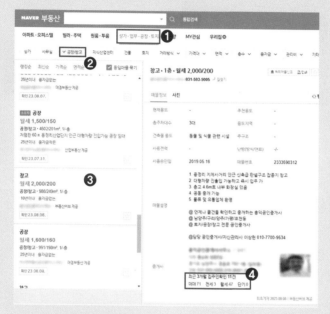

》 네이버 부동산 사용 방법

광고 중인 총 매물 개수에 따라 적극적으로 영업하는 곳인지 아닌지를 판단할 수 있기 때문이다. 이후 등록 매물 개수가 많은 곳 위주로 정리해서 연락하면 된다. 그럼 소극적으로 영업하는 곳은 상대적으로 피할 확률이 높아진다.

다음으로 오프라인이다. 오프라인은 철저하게 사무소의 위치를 봐야 한다. 아파트 전문 사무소라면 단지 내 상가 코너 자리 또는 입주민들의 동선상 가장 접근이 편리한 곳을 찾아가면 된다. 보통 밀집되어 있어 좋은 사무소를 찾기가 쉬운 편이다. 여러 곳에 방문하면서 영향력이 좋고 느낌도 좋은 소장님을 찾도록 하자.

》좌: 아파트 전문 사무소는 단지 안에 오밀조밀 모여 있다.
　우: 공장, 토지 전문 사무소는 낮은 밀도로 넓게 퍼져 있다.

반대로 공장 및 토지를 전문으로 하는 공인중개사 사무소는 아파트와 다르게 교외지역에 넓게 퍼져 있다. 따라서 교외지역에서 사람이 몰리는 곳에 위치한 공인중개사 사무소를 찾아가야 한다. 주로 읍, 면 행정복지센터(구 면사무소) 인근이거나 농협, 공구상가, 한식뷔페 등이 몰려 있으며 상권이 형성된 지역인 경우가 많다.

이 지역에 위치한 공인중개사 사무소들은 주변 편의시설 이용을 위해 일을 보러 나온 사람들이 일을 마치고 사무소에 들러 매물을 내놓거나 상담을 받고 가는 경우가 많다. 그래서 자연스럽게 정보와 매물이 모이게 된다. 따라서 먼저 공장 밀집지역 관내 상권이 형성되어 있는 곳을 찾고, 그다음 주변 공인중개사 사무소를 방문하면서 친절과 적극성을 겸비한 소장님들을 찾도록 하자.

04

실무에서 말하는 공장의 종류

실무에서 말하는 공장의 종류는 건축법상 기준에 따라 분류한다. 겉으로 보기엔 모두 공장처럼 보이지만, 서류를 발급해보면 1종 근생(소매점), 2종 근생(제조업소), 공장(창고)으로 표기되어 있다. 다음 페이지 자료에서 보이는 공장 역시 외관은 모두 비슷하지만, 실제 건축물대장을 발급해보면 1종 근생(①), 2종 근생(②), 공장(③)으로 나온다. 이처럼 서류상 용도가 다른 이유는 토지 위에 공장을 건축할 시 도로 폭에 따라 건축할 수 있는 건축물의 종류가 달라지기 때문이다.

① 1종 근린생활시설(소매점)	② 2종 근린생활시설(제조업소)	③ 공장

·도로 폭 4m 미만인 경우	·도로 폭 4m 이상인 경우	·도로 폭 6m 이상인 경우
·도시계획심의 미대상	·도시계획심의 미대상	·도시계획심의 대상
·공장 등록 불가	·공장 등록 가능	·공장 등록 가능
·1,000㎡까지 소매점 가능	·500㎡까지 제조업소 가능	·면적 상관없이 허가 가능
·수도권 공장 총량제 ×	·수도권 공장 총량제 ×	·수도권 공장 총량제 ○
·토지 지목 '대'	·토지 지목 '대' 또는 '장'	·토지 지목 '장'

≫ 건축물대장상 용도 비교표

외관을 통해선 건축물의 주 용도를 확인할 수 없으니 반드시 건축물대장을 살펴봐야 한다. 예를 들어 토지 위에 공장을 건축하려 하는데 진입하는 도로의 폭이 4m 미만이라면 1종 근생 소매점으로 허가가 가능하며 2종 근생 제조업소는 불가하다. 만약 도로 폭이 4m 이상 6m 미만인 경우엔 1종 근생 소매점을 포함하여 2종 근생 제조업소까지 가능하고 공장은 불가하다. 마지막으로 도로 폭이 6m 이상인 경우 1종 근생(소매점), 2종 근생(제조업소), 공장까지

① 1종 근린생활시설(소매점)	② 2종 근린생활시설(제조업소)	③ 공장

도로 폭 3m	도로 폭 6m	도로 폭 8m

≫ 도로 폭 3m: 승용차 한 대만 다닐 수 있으며 교차 통행이 불가하다.
　도로 폭 6~8m: 승용차 교차 통행은 물론 대형 화물 트럭 진출입이 가능하다.

허가가 가능하다. 그렇기에 토지에 접해 있는 도로 폭에 따라 건축물대장상 주 용도가 나눠진다고 이해하면 된다.

간혹 도로 폭이 6m 이상임에도 2종 근생 제조업소로 허가를 내는 경우가 있다. 이는 공장 대비 2종 근생 제조업소가 허가 기간이 짧고 비용이 저렴하기 때문이다. 따라서 도로 폭이 넓더라도 2종 근생으로 허가를 받는 경우가 많다.

정리하면 도로 폭에 따라 지을 수 있는 건축물의 범위가 정해져 있어 나타나는 현상이며 건축물의 종류는 도로 폭에 따라 결정된다. 이를 이해하면 현장에 나가 물건 브리핑을 받을 때 공장 건물

소재지/감정요약	물건번호/면적(m²)	감정가/최저가/과정	임차조사
(18589) 경기 화성시 향남읍 동오리 ■■■ ■ [동오3길 69] 감정평가액 토지 : 376,960,000 건물 : 120,780,000 합계 : 497,740,000	물건번호: 단독물건 대지 992.0 (300.08평) ₩376,960,000 건물 · 소매점 198.0 (59.90평) ₩120,780,000 현:공실 - 총1층 - 승인 : 2020-01-14 - 보존 : 2020-02-12	감정가　595,232,000 · 대지　474,452,000 　　　　(79.71%) 　　(평당 1,069,139) · 건물　120,780,000 　　　　(20.29%) 최저가　416,662,000 　　　　(70%)	법원임차조사 *현장을 방문하였으나 폐문부재로 소유자나 점유자를 만나지 못하였는바, 출입문에 안내문을 부착하여 두었음. 한편, 전입세대열람내역서에는 해당 주소의 세대주가 존재하지 않는다고 기재되어 있으며, 상가건물임대차현황서에도 해당사항이 없다고 기재되어 있음. 그 점유관계 등은 별도의 확인을 요함
감정평가서요약 - 토지병합사건2020-66215감정평가서(영현감정.2020.07.28) - 일반철골조일반철골경사지붕 ▢1종근린생활시설▢ - 부정형완경사지 - 425-6,-9번지통해4m도로접함 - 일괄입찰 - 동오리마을회관북서측인근위치 - 주위주택,창고,전,임야등혼재 - 차량진출입가능		**경매진행과정** ① 　595,232,000 　2021-05-28 유찰 ② 30%↓　416,662,000 　2021-07-07 매각	
		매수인　주)신원	
		응찰수　6명	
		매각가　529,890,000 　　　　(89.02%)	
		2위　521,900,000 　　　(87.68%)	

≫1종 근생 소매점 경매 물건

의 용도만 들어도 접해 있는 도로 폭을 대략적으로 유추해볼 수 있을 것이다.

앞의 경매 물건의 경우 건축물대장상 용도가 1종 근생인 것으로 보아 본 공장의 진입도로는 폭이 4m 미만인 것으로 유추해볼 수 있다. 따라서 승용차 교차 통행이 불가하다.

공장 등록이란?

공장 등록이란 시군구청에 적법한 절차를 통해 제조업을 영위하고 있다는 것을 신고하는 행위로, 담당 공무원이 실사를 나와 확인 후 공장등록대장에 기록하는 것을 말한다. 공장 등록 절차가 끝나면 공장등록증이 발급되는데, 제조업체에선 이 등록증을 조달청 입찰 및 대기업, 기타 정부기관 등과 거래할 때 사용한다. 공장 등록은 건축물대장상 용도에 따라 가능 여부가 결정된다. 앞서 배운 1종 근생 소매점에선 공장 등록이 불가하고 2종 근생 제조업소 및 공장에선 등록이 가능하다.

실무에서 중소형 공장의 등록 비율은 10~20% 이내이며 대부분 공장 등록이 필요하지 않다. 그래서 1종 근생으로 건축된 건물에 투자해도 수익을 내는 데 큰 지장은 없다. 그러나 가격 차이가 나지 않기에 이왕이면 공장 등록이 가능한 제2종 근생 및 공장에 투자하는 것이 좋다.

공장 등록은 임차인이 직접 하기에 임대인은 개념 정도만 이해하면 된다. 단, 공장 등록 신청 시 공무원 실사가 나오기에 불법 건축물이 있을 경우 제2종 근생 제조업소 및 공장이더라도 등록이 불가하다. 공장 불법 건축물을 확인하는 방법에 대해선 뒤에서 자세히 살펴보겠다.

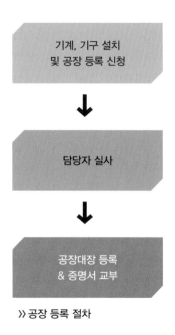

》공장 등록 절차

공장 상가임대차보호법 적용 여부

공장도 상가임대차보호법(이하 '상임법')을 적용받는다. 단, 상임법 적용은 해당 건물에서 영리 활동을 해야 하며 영리 활동의 기준은 임차 건물에 사업자등록을 했는지 여부로 판단할 수 있다. 대부분의 제조업체는 사업자등록을 하며 계산서 발행 등의 영리 활동을 한다. 상임법을 적용하게 되면 임차 계약 기간 10년 보장이 가능하고 임대료 증액도 5% 범위 이내에서 할 수 있다.

상임법이 적용되는 상가건물 임대차는 사업자등록 대상 건물로서 임대차 목적의 건물을 영업용으로 사용하는 임대차를 가리킨다. 다만 상임법이 적용되는 상가건물에 해당하는지는 건물의 현황·용도 등에 비추어 실제 영업용으로 사용하는지 여부에 따라 판단해야 하고, 단순히 상품의 보관·제조·가공만 이루어지는 공장·창고 등은 영업용 사용이라고 할 수 없다. 그러나 그곳에서 그러한 사실행위와 영리목적 활동이 함께 이루어진다면 상임법 적용대상인 상가건물에 해당한다.

(대법원 2011. 7. 28. 선고, 2009다40967 판결)

실무에서 많이 쓰는 차량의 종류

〈1톤 차량〉

〈5톤 차량〉

〈5톤 차량 윙바디〉

〈트레일러 차량〉

〈지게차〉

》》 차량의 종류

좋은 공장을 골라내기 위해선 도로 폭과 화물 차량의 관계를 이해하는 게 중요하다. 공장의 경우 화물 차량이 필수적으로 진입해야 하는데, 이때 도로 폭이 넓을수록 대형 차량 진출입이 용이해진다. 실수요자 입장에서 대형 차량 진출입이 원활할 경우 소형 화물 차량으로 2~3번 실어 날라야 할 물량을 대형 차량 1번으로 해결이 가능하기에 물류비를 절약할 수 있다. 더불어 대형 기계, 기구를 생산하는 업체일 경우 공장이 크더라도 협소한 도로 폭에 접해 있으면 입주가 불가능한 경우가 많다.

보통 도로 폭이 4m 내외인 경우 5톤 미만 화물 차량이 원활하게 다닐 수 있고, 도로 폭이 6m 내외인 경우 트레일러 차량 진출입이 가능하다. 경우에 따라 4m 내외이더라도 2차선 변에서 너무 멀리 들어가지 않는다면 트레일러 차량 진출입이 용이한 공장도 있다.

차량 진출입 측면에서 살펴보면 건물 기준 330㎡(100평) 미만인 경우 1톤 소형 차량이 주로 진입하기에 넓은 도로 폭이 중요치 않다. 조금 더 보수적으로 보면 265㎡(80평) 미만이어도 무방하다. 만약 건물이 330㎡(100평) 이상이라면 5톤 이상의 큰 화물 차량이 진출입해야 할 가능성이 높다. 따라서 면적이 클수록 도로 요건을 더욱 유심히 봐야 한다.

1. 공장 진입도로란?

공장을 매입하면 건물이 있는 본 부지 외에 도로에 대한 소유권도 같이 취득하게 된다. 도로 소유권을 확보하는 이유는 교외지역의 토지는 보통 도로를 직접 개설하여 인허가를 득한 뒤 건물을 짓기 때문이다. 공장 역시 개발업자가 토지를 매입하여 인허가를 위해 도로를 개설한다. 이후 필지를 분할하여 분양하기에 대부분 도로에 대한 소유권이 별도로 존재한다.

공장 투자를 함에 있어 도로 유형은 크게 3가지로 나뉜다.

**'공장 부지
+도로 지분'**

개발업자가
분양한 단지

**'공장 부지
+도로 필지'**

허가 요건을 맞추기 위해
내 사유지 일부를
도로로 편입

**'공장 부지
+도로 소유권 없음'**

국유지, 시유지를 도로를
통해 진입하는 공장
(도로 지분, 도로 필지 ×)

》 공장 진입도로 유형 3가지

첫째, 도로에 관한 소유권을 지분 형태로 갖는 유형이다. 이는 주로 단지 형태에서 나타나는데, 분양단지 내 공장 소유주 간에 도로를 지분 형태로 n분의 1씩 공유하게 된다. 예를 들어 4개의 공장이 입주한 작은 단지가 있고 가운데에 도로로 사용하는 필지가 330㎡(100평)가 있다면, 본 부지 외에 83㎡(25평)씩 도로 지분을 별도로 나눠 갖게 된다.

이때 한 가지 주의해야 할 점은 건물이 앉아 있는 본 부지는 지분이 아닌 100% 형태로 소유해야 한다는 것이다. 도로는 지분으로 소유해도 사용, 수익하는 데 전혀 문제가 없다. 그러나 본 부지가 지분이라면 사용, 수익, 처분하는 데 있어 협의가 필요하며 대출이 잘되지 않는다.

매각 물건 현황	감정원		가격시점 2021.02.26
목록		지번/토지이용계획/용도/구조/면적	
토지	1	구문천리 607-82 공장용지 909㎡ (274.97평) [토지이용계획] 계획관리지역 | 가축사육제한구역 | 비행안전제3구역 | 토지거래계약에관한허가구역 | 성장관리권역	
	2	구문천리 607-79 도로(지분) 747㎡ (13.01평) (43/747 지분) [토지이용계획] 계획관리지역 | 건축법 제2조제1항제11호나목에 따른 도로 | 가축사육제한구역 | 비행안전제3구역 | 토지거래계약에관한허가구역 | 성장관리권역	
	3	구문천리 607-84 도로(지분) 37㎡ (5.45평) (37/2 지분) [토지이용계획] 계획관리지역 | 건축법 제2조제1항제11호나목에 따른 도로 | 가축사육제한구역 | 비행안전제3구역 | 토지거래계약에관한허가구역 | 성장관리권역	
건물	4	구문천리 607-82 [장안로 662-115] 총 1층 제조업소 357.4㎡(108.11평) 제시외 : 창고등 117㎡(35.39평), 창고,작업장 209㎡(63.22평), 지하수모터부1식 0()	

≫ '공장 부지+도로 지분' 유형

둘째, 도로 지분이 아닌 도로 필지 형태이다. 이 형태는 도로를 지분으로 여러 명이 공동 소유하는 게 아니다. 도로 필지를 온전히 본 부지처럼 단독으로 100% 소유하는 것을 말한다. 이는 현장에서 토지에 허가를 득할 시 허가 요건을 맞추기 위해 내 필지의 일부를 분할해 도로로 편입했을 때 나타나는 현상이다.

보통 도로 폭이 좁은 토지는 허가 가능한 건축물의 종류가 많지 않고, 허가를 낼 수 있는 토지 면적도 제한적이다. 따라서 이를 해결하기 위해 내 필지의 일부를 도로로 편입시켜 접한 도로 폭을 넓힌 뒤 원하는 건축물을 짓기 위해 사용하는 방법이다. 이 형태를 거쳐 공장을 짓고 시장에 매물이 나오면 '공장 부지+도로 지분'이 아닌 '공장 부지+도로 필지' 형태로 나오게 된다.

매각 물건 현황	감정원	가격시점 2020.10.23	
목록		지번/토지이용계획/용도/구조/면적	
토지	1	가산리 521-3 공장용지 1087m² (328.82평) [토지이용계획] 계획관리지역 | 가축사육제한구역	
	3	가산리 521-34 도로 34m² (10.29평) [토지이용계획] 계획관리지역 | 가축사육제한구역	
건물	2	가산리 521-3 [삽교천로 2-20] 총 2층 1층(공장) 360m²(108.9평) 2층(공장) 72m²(21.78평) 제시외 : 작업장 240m²(72.6평), 비가림시설 164.27m²(49.69평), 휴게실 21m²(6.35평), 창고 2.88m²(0.87평)	

≫ '공장 부지+도로 필지' 유형

셋째, 도로에 대한 소유권 없이 공장 본 부지 100%로 이뤄진 형태이다. 이는 사도를 개설해 공장 허가를 내지 않고, 국가에서 개설한 도로를 이용해 허가를 내고 진출입하는 형태이다. 우리나라 도로는 크게 국가에서 개설한 공도와 개인이 개설한 사도가 있는데, 전자의 경우 공장 매입 시 도로 소유권이 별도로 없다. 반면 후자의 경우 도로 소유권이 필수로 따라온다.

매각 물건 현황	감정원	가격시점 2022.05.16	
목록		지번/토지이용계획/용도/구조/면적	
토지	1	매학리 171 공장용지 591m² (178.78평) [토지이용계획] 일반공업지역 | 소로2류(폭 8m~10m) 지구단위계획구역 | 가축사육제한구역	
건물	2	매학리 171 [매곡길 31] 총 2층 1층(제조업소) 349.8m²(105.8평) 2층(제조업소) 130.9m²(39.61평) 제시외 : 중층(전시실) 219m²(66.25평)	

≫ '공장 부지+도로 소유권 없음' 유형

정리하자면 도로 소유권이 있는 경우 사도를 통해 토지를 이용 중이고, 도로 소유권이 없는 경우 국가의 땅, 즉 공도를 통해 진입로를 이용 중이라고 생각하면 되겠다.

2. 공장 진입도로 주의점

도로에 관한 소유권이 없는 경우는 국가에서 개설한 도로를 이용해 진출입하는 공장 형태라고 할 수 있다. 그러나 가끔 도로 소유권이 없음에도 사도를 통해 진출입하는 물건이 시장에 나올 때가 있다. 이는 2가지 형태로 나뉠 수 있다.

첫째, 사도를 통해 진출입하면서 토지의 지목이 도로인 경우이다. 이는 사도를 거쳐 통행하기에 엄연히 도로에 관한 소유권을 같이 확보해야 한다. 그러나 실무적으로 도로대장에 등재된 경우 사도이지만 통행에 제한이 없어 정상 물건으로 취급하기도 한다.

둘째, 사도를 통해 진출입하면서 도로로 사용하는 토지의 지목이 전, 답, 임야 등으로 구성된 물건이다. 지목은 전, 답, 임야인데 현황상 아스팔트로 포장해 도로로 사용하는 경우다. 따라서 지적도를 통해 지목을 살펴보지 않으면 현장에선 구분하기가 쉽지 않다. 이런 형태의 물건은 사도 소유주가 도로를 막는 게 가능한 경우도 있으니 주의해야 한다.

3. 진입도로 소유주 확인하는 방법

진입도로 소유주를 확인해야 하는 이유는 '공장 부지+도로 소유권 없음' 형태의 물건에 투자할 때, 현재 이용하는 현황 도로의 지목이 전, 답, 임야 등인 경우를 피하기 위해서다. 만약 이런 물건을 매입하게 되면, 혹시라도 도로 소유주가 통행을 막을 때 사유지이기에 대처할 방법이 없다. 결국 이 문제를 해결하기 위해선 도로 소유주에게 비싼 값을 지불해야 한다. 따라서 도로로 사용하는 필지의 지목이 전, 답, 임야 등인 경우 다음 절차에 따라 소유주를 확인하자. 먼저 도로 소유권을 확보할 수 있는지 여부를 판단하고 투자를 결정해야 한다.

진입도로 소유주를 확인하는 방법은 크게 2가지가 있다.

첫째, 도로 지번을 통해 토지대장 또는 등기부등본에서 소유주가 누구인지 확인하면 된다. 사도인 경우 개인 또는 법인 명의로 소유주가 등재되어 있을 것이고, 공도인 경우 개인이 아닌 지자체, 국가기관명 등이 소유주로 표시되어 있을 것이다.

[토지] 경기도 평택시

【 표 제 부 】 (토지의 표시)					
표시번호	접 수	소 재 지 번	지 목	면 적	등기원인 및 기타사항
1	2008년7월28일		임야	430㎡	분할로 인하여 경기도 평택시 서탄면 수월암리 1105-4에서 이기
2	2008년8월8일		도로	430㎡	지목변경
3	2020년3월25일		도로	93.3㎡	

【 갑 구 】 (소유권에 관한 사항)				
순위번호	등 기 목 적	접 수	등 기 원 인	권리자 및 기타사항
1 (전 2)	소유권이전	2002년7월31일 제26381호	2002년6월13일 매매	소유자 오○자

≫ 사도 등기부등본

【 표 제 부 】 (토지의 표시)					
표시번호	접 수	소 재 지 번	지 목	면 적	등기원인 및 기타사항
1 (전 2)	1987년7월14일	경기도 평택군 서탄면 내관리 9-3	도로	91㎡	
					부동산등기법 제177조의 6 제1항의 규정에 의하여 2001년 11월 30일 전산이기
2			도로	91㎡	1995년5월10일 행정구역명칭변경으로 인하여 2001년12월18일 등기

【 갑 구 】 (소유권에 관한 사항)				
순위번호	등 기 목 적	접 수	등 기 원 인	권리자 및 기타사항
1 (전 2)	소유권이천	1987년7월30일 제26289호	1987년7월10일 공공용지 의 협의 취득	소유자 경기도
				부동산등기법 제177조의 6 제1항의 규정에 의하여 2001년 11월 30일 전산이기

》 공도 등기부등본

둘째, 실거래가 조회 사이트인 디스코*에서 확인하는 방법이다. 디스코에 접속하여 공장 진입도로를 마우스로 선택하면 좌측 상단에 지목과 함께 소유주가 표시된다. 단, 등기부등본처럼 소유자명을 확인하는 것은 불가능하다. 그러나 소유주가 누구인지만 확인해도 공장 진입도로 유형을 확인할 수 있으며, 사도에 접해 있는지, 도로 지분을 필수로 소유해야 하는지 등을 쉽게 파악할 수 있다. 따라서 등기부등본을 확인하는 것보다 훨씬 효율적으로 소유주를 알아낼 수 있을 것이다.

---

* 자세한 이용 방법은 부록을 참고하자.

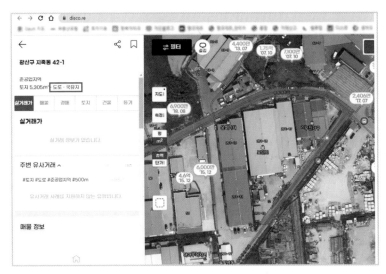

>> 디스코에서 확인한 공도

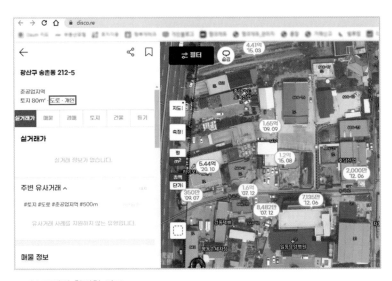

>> 디스코에서 확인한 사도

04 쉽게 배우는 공장 용어

대개 공도에서부터 내 필지까지 도로를 개설하여 건물을 짓는다. 이때 건설한 사도의 길이가 길어질수록 도로 평수 및 필지가 넓어지게 된다. 실무에선 도로 평수도 매매가에 포함되어 별도로 계산하는데, 도로 평수가 너무 넓은 물건은 매매가 잘 안 된다. 따라서 공장 부지 대비 도로 비율이 15% 이상인 경우가 많다고 판단할 수 있겠다. 마지막으로 도로 유형을 정리하면 다음과 같다.

① 공장 부지 100% 소유+사도 지분 소유= 정상 물건
② 공장 부지 100% 소유+사도 필지 소유= 정상 물건
③ 공장 부지 100% 소유+공도 소유권 없음= 정상 물건
④ 공장 부지 100% 소유+사도 소유권 없음= 투자 불가 물건
⑤ 공장 부지 지분 소유= 투자 불가 물건(도로 지분 소유권 유무 상관없음)

(도로 지분= 공동 소유, 도로 필지= 단독 소유)

》 도로 유형 정리

공장 중요 옵션 3가지

빌트인 냉장고, 시스템 에어컨, 발코니 확장 등 우리가 흔히 아파트에서 사용하는 옵션들이 있다. 옵션이 많은 경우 실생활에 편리함을 줘 누구나 선호한다. 공장 역시 이와 비슷한 개념이 있다. 옵션이 많을수록 제조업 운영 시 편리한 환경을 제공하기에 누구나 선호한다. 그러나 공장은 옵션이 많다고 해서 매매 시 매매가를

더 받지는 않는다. 다만 임대·매매 시 비슷한 조건의 매물이 나올 경우 옵션이 더 많은 공장이 시장에서 먼저 계약될 확률이 높다.

공장은 아파트와 다르게 옵션 설치 비용을 임차인이 부담한다. 이후 계약 만기 시 설치한 옵션을 원상 복구하는 개념이다. 만약 임대인 입장에서 건물의 객관적 가치를 증대시킨다고 생각될 경우, 원상 복구하지 않고 현상태 그대로 두고 퇴거를 요청해도 무방하다. 그러나 탈착이 쉽거나 재산 가치가 있는 옵션은 대부분 임차인이 철거해 간다.

큰 틀에서 공장 옵션의 특징을 알아봤으니 지금부터 실무에서 많이 사용하는 옵션 3가지에 대해 살펴보도록 하자.

1. 전기

우리가 거주하는 일반적인 주택은 전기 용량을 별도로 증설해서 사용하지 않는다. 대부분 소형 가전이 집 내부에 설치되어 있어 전기 사용량이 많지 않기 때문이다. 그러나 공장은 전기를 많이 사용하는 생산 기계를 가동하기 때문에 증설을 별도로 해야 하는 경우가 많다.

예를 들어 설명해보겠다. 신축 공장을 분양받게 되면 기본 전기 용량은 보통 5kW가 설치되어 있다. 그런데 임차인이 대당 10kW를 사용하는 기계 3대를 설치한다고 하면 총 30kW의 전력이 필요하다. 그럼 부족한 전기 25kW를 승압해야 한다. 서두에 말했듯이

다행히 공장의 옵션 비용은 임대인이 부담하지 않는다. 임차인의 비용으로 부족한 25kW를 직접 승압해 입주한다. 만약 승압하지 않고 사용한다면 수시로 차단기가 내려가거나 부하가 걸려 화재 위험이 발생할 것이다. 즉 사업을 영위하기 어렵게 된다. 따라서 필수적으로 공장 임대 시 전기 용량을 가장 먼저 체크해야 한다.

공장 전기는 임차인의 비용으로 승압하지만 계약 해제 시 임차인이 철거하거나 가져갈 수 없다. 오로지 건물주의 소유로 남게 된다. 이런 이유로 임차인 입장에선 전기가 많이 들어와 있는 공장을 선호하기도 한다. 다만 전기 용량이 낮다고 해서 공장 임대가 되지 않는 것은 아니다. 상가 임차 시 임차인이 직접 비용을 들여 인테리어를 하는 것처럼, 전기도 본인의 비용으로 승압해야 한다고 대부분 생각한다. 그렇기에 임차인의 전기 승압 요청이 오면 신청서에 임대인 도장만 찍어주면 된다.

전기 승압 비용은 만약 공실이 길어질 경우 당근으로 활용할 수도 있다. 임차인에게 승압 비용을 보조해주는 방향으로 제시한다면, 공실을 탈출하는 데 도움이 될 것이다.

현재 공장에 몇 kW의 전기가 설치되었는지 확인하는 방법은 다음과 같다. 국번 없이 123번(한국전력)에 전화하여 공장 주소를 얘기한 뒤 증설 없이 사용 가능한 전기 용량을 물어보면 된다. 보통 330㎡(100평) 미만의 소형 공장은 50kW 정도면 대부분의 임차인이 사용할 수 있는 용량이 확보됐다고 볼 수 있다.

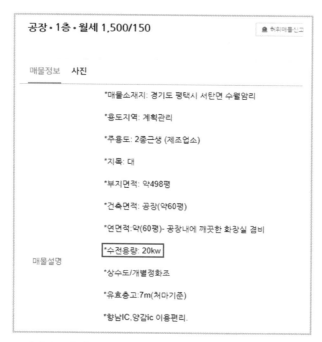

공장 · 1층 · 월세 1,500/150   🏠 허위매물신고

매물정보   사진

매물설명

*매물소재지: 경기도 평택시 서탄면 수월암리

*용도지역: 계획관리

*주용도: 2종근생 (제조업소)

*지목: 대

*부지면적: 약498평

*건축면적: 공장(약60평)

*연면적:약(60평)- 공장내에 깨끗한 화장실 겸비

*수전용량: 20kw

*상수도/개별정화조

*유효층고:7m(처마기준)

*황남IC,양감ic 이용편리.

>> 네이버 공장 매물 전기 정보

2. 호이스트

호이스트란 쉽게 말해 공장 내에서 생산한 무거운 물품을 옮기는 기계, 기구를 말한다. 제조 활동을 통해 생산한 물품은 사람 혼자 들 수 있는 가벼운 것도 있지만, 중량이 몇 톤 이상 나가는 것도 많다. 이는 사람이 직접 이동시킬 수 없기에 호이스트라는 기구를 이용한다.

》 위: 호이스트 ×, 아래: 호이스트 ○

호이스트는 필요 시 임차인이 직접 설치한다. 전기와 다르게 호이스트는 퇴거 시 철거해 나간다. 재산 가치가 있으며 탈착이 가능해 중고로 매각할 수 있기 때문이다. 가끔 임대인에게 매입 의사를 묻고 서로 가격 협의가 되면 임대인이 인수하는 경우도 있다. 임대인 입장에선 신규로 설치하는 것보다 저렴하게 매입할 수 있으니 좋다. 더불어 공장에 호이스트가 설치되어 있다면, 신규 임차인 입주 시 호이스트 비용을 절감할 수 있다. 따라서 내가 소유한 공장이 먼저 임대될 확률이 높아진다.

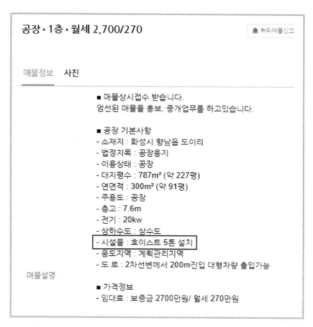

>> 매물 광고 시 옵션 항목이 있다면 필수로 넣어주자.

3. 컨테이너

컨테이너는 철제로 된 직사각형 모양으로, 일상생활에서 자주 볼 수 있다. 보통 화물 차량에 실려 짐을 운송할 때 쓰는 형태로 많이 보게 된다. 평소에는 짐을 옮길 때 주로 사용하지만, 공장에선 사무실, 직원 휴게실, 탈의실, 창고 등으로 활용해 용도가 무궁무진하다. 컨테이너는 주로 공장 외부 마당에 설치한다. 내부에 설치할 경우 설치 면적만큼 제조 공간으로 활용할 수 없기 때문이다. 이런 이유로 임장을 가보면 외부 마당에 설치된 모습을 자주 볼 수 있다.

>> 외부 컨테이너는 바닥에 고정하지 않아 설치·해체가 용이하다.

컨테이너 역시 일반적으로 임차인의 비용으로 설치한다. 이후 퇴거 시 철거하거나 호이스트와 마찬가지로 임대인에게 매각 제안을 하는 경우도 있다. 만약 임차인이 제시한 가격이 적정한 경우 매입을 고려해도 좋다. 컨테이너는 활용성이 높아 임차인 누구나 선호하며 중고 매매도 활발한 편이어서 향후 처분도 용이하다.

컨테이너를 마당에 설치하는 건 신고 사항이다. 일반적으로 임차인이 관할 관청에 방문해 직접 신청한다. 이때 임대인의 동의 및 인감증명서가 필요하니 요청 시 교부해주면 된다.

공장 · 1층

월세 3,500/330

지상층/지하층: 1/-층   사용승인일:2011.12.28   대지/연 면적:917㎡/354㎡

매물정보   **사진**   ↻ 평

소재지	경기도 화성시 팔탄면 하저리
매물특징	하저리 단독공장 107p 천막45p 준2층사무실20p 외부컨테이터2동 사용
대지/연면적	917㎡/354㎡
건축/전용면적	354㎡/354㎡

지상층/지하층	1/-층	용적률/건폐율	38.6/38.6%
입주가능일	즉시입주 협의가능	융자금	없음
방향	북서향(주된 출입구 기준)		
현재용도	제조업소	추천용도	제조업소
총주차대수	3대	용도지역	계획관리지역
건축물 용도	제2종 근린생활시설	주구조	철골조
사용전력	50-100	난방(방식/연료)	-/-
사용승인일	2011.12.28	매물번호	2404103849

≫ 네이버 공장 매물 컨테이너 정보

매도, 매수자와 협상을 잘하는 방법

부동산 투자로 성공하기 위해선 협상을 잘해야 한다. 보통 부동산 거래 시 협상을 잘했는지 여부에 따라 적게는 수백만 원에서 크게는 수억 원의 돈이 왔다 갔다 한다. 그렇다면 협상을 잘하기 위해선 무엇이 중요할까? 크게 2가지로 살펴볼 수 있다.

첫째, 먼저 이기고 시작하는 협상 방법이다. 상황이나 자리 자체가 이미 내가 유리한 고지를 점하고 협상하는 형태라 할 수 있겠다. 거래처 관계인 갑과 을이 있다고 하자. 을은 갑에게 일감을 받아 회사를 운영하고 있다. 두 회사가 협상을 시작하면 어느 쪽이 더 많이 가져갈까? 당연히 갑이다. 이미 갑 입장에서는 이기고 시작하는 게임이다. 을이 아무리 협상을 잘해도 갑이 정해놓은 테두리 안에서 움직일 수 있을 뿐이다. 직장인을 예시로 들어봐도 마찬가지이다. 연봉 협상 시즌이 와서 열심히 연봉 협상을 준비했다. 그러나 연봉 협상 자리는 일방적인 통보로 끝이 났다. 이미 갑인 회사가 이기고 시작하는 협상이었기 때문이다. 애초에 을이 지고 시작한다.

그럼 부동산 시장으로 좁히면 어떻게 해야 내가 갑으로 협상할 수 있을까? 이때는 '시기'를 이용하면 된다. 만약 내가 매도자라면 매도자 우위 시장에서 갑이 되고 협상에서 유리한 고지를 점할 수 있다. 이때는 공인중개사 사무소 소장님도 대부분 내 편에서 일을 한다. 왜냐하면 사려는 사람은 많은데 팔려는 사람은 많지 않아 물건이 귀하기 때문이다. 또한 가격은 계속해서 오르기에 매수자는 마음이 조급해져서 내가 원하는 조건 및 가격을 자유롭게 얘기해도 거래 확률이 높아진다. 따라서 매도자라면 매도자 우위 시장에서 협상해야 이기고 시작할 수 있다.

그렇다면 반대로 매수자라면 매수자 우위 시장, 즉 불황인 시장에서 협상하면 유리한 고지를 점할 수 있다. 결국 협상은 누가 유리한 고지를 점하느냐에 따라 이미 반 이상 결과가 정해지고 시작하는 것이다. 따라서 부동산 투자를 할 때 시기만 잘 활용해도 이기고 시작할 수 있다.

둘째, 베트나(BATNA)[**]의 유무이다. 베트나는 우리말로 '차선책'이라는 뜻이다. 여러 협상책에서 차선책의 중요성을 많이 언급한다. 부동산 투자에서도 차선책이 중요하다. 예시를 들어보자. A와 B는 같은 부동산을 보유하고 있다. A는 현금 확보 차원에서 부동산을 팔려고 생각 중이나 월세가 잘 나오고 있어 임대를 놔도 되는 상황이다. 반대로 B는 사업이 어려워져 급전이 필요해 무조건 팔아야 한다. 여기서 A는 임대라는 차선책이 있고 B는 차선책이 없다. 그럼 같은 부동산을 팔았을 때 누가 더 좋은 가격에 팔 수 있을까? 당연히 A다. A는 임대라는 차선책이 있어 매수자가 무리한 금액을 요구해도 거절할 수 있다. 반대로 B는 팔지 않으면 안 되는 상황이기 때문에 매수자가 무리한 요구를 할 경우 심리적으로 여유가 없어 응할 확률이 높다.

매수할 때도 마찬가지이다. 비슷한 물건이 여러 개 나와 있는 경우 굳이 한 물건을 콕 집어서 비싸게 살 필요가 없다. 그러나 만약 맹지를 보유하고 있는데 도로와 붙어 있는 필지를 매입해야만 맹지를 탈출할 수 있는 경우라면 말이 달라진다. 그 필지를 매입하는 것 외에는 차선책이 없기 때문에, 시세보다 훨씬 비싸게 주고 사야 한다. 이

[**] 'Best Alternative To a Nagotiated Agreement'의 약자

렇듯 차선책을 염두에 두고 협상에 임하는 것이 협상을 잘하는 두 번째 지름길이다.

나는 중개 법인을 운영하며 수많은 부동산 거래를 진행했다. 그런데 결국 가격의 폭이 결정되는 건 '차선책' 여부에 달려 있었다. 이는 부동산 거래뿐만 아니라 인생에서도 마찬가지다. 나는 차선책이 없는 상황을 별로 좋아하지 않는다. 또한 차선책이 없는 상황에 스스로를 밀어 넣으려 하지 않는다. 차선책이 없으면 불리하게 시작하거나 손해를 보며 선택할 수밖에 없기 때문이다.

따라서 독자 여러분도 인생에 있어 중요한 협상이나 부동산 투자를 앞두고 있다면, 내가 유리한 위치에서 협상할 수 있는 상황인지 1차적으로 생각해보기 바란다. 만약 그렇지 않다면 차선책은 무엇인지 한 번쯤 고민해보고 협상에 임하길 당부드린다.

05

공장 투자 어디에 해야 할까?

공장 투자 시 지역 선정하는 방법

공장 투자를 함에 있어 지역을 선정하는 방법에 대해 알아보자.

첫째, 공장이 이미 밀집되어 있고 관련 인프라 시설이 잘 구축되어 있는 곳에 투자하는 방법이다. 이 지역은 임대·매매 수요가 탄탄하며 지가가 완만히 오르는 특징을 보인다. 즉 초보자가 진입하기 좋은 시장이다. 주로 경기도 외곽지역 및 지방 대도시 인근에 분포하고 있다. 이곳에 있는 공장에 투자한 경우 수요가 탄탄하기에 임차 맞추기가 용이하다. 따라서 월세를 맞춘 뒤 이자를 충당하고, 이후 지가가 오를 때까지 마음 편히 기다리면 된다.

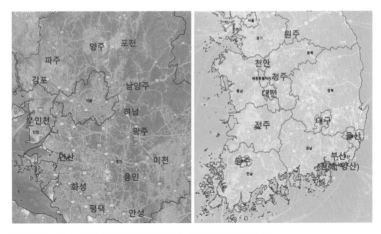

》 전국적으로 도시 외곽지역에 공장(창고) 시장이 형성되어 있다.

조금 더 자세히 살펴보자. 공장 밀집지역은 시군구 전체에 퍼
져 있지 않고 일부 지역에 몰려 있는 특징을 보인다. 예를 들어 수
도권 기준으로 김포시는 주로 통진읍, 대곶면 등이고 포천시는 가
산면, 소흘읍, 광주시는 (구)오포읍, 초월읍 정도이다. 지방으로 가
보면 부산의 경우 장림동, 두구동, 대저동 등이고 전주시는 여의
동, 팔복동, 대구는 달성군, 경북 경산은 압량읍 등지이다. 언급한
지역에서 볼 수 있듯이 공장이 밀집되어 있는 지역들이 시별로 정
해져 있으니 그곳을 찾아 투자 대상 지역으로 선정하면 된다.

공장 밀집지역을 찾기 위해선 위성 지도를 이용하면 편리하다.
위성 지도 사이트에 접속해 투자하고자 하는 지역을 선택한 뒤 외곽
지역을 살펴보자. 유난히 파란 지붕이 많이 몰려 있는 곳들이 있을
것이다. 그 지역이 바로 공장이 모여 있어 수요가 탄탄한 지역이다.

》좌: 김포시 대곶면, 우: 부산광역시 대저동

　공장은 제조업 운영 특성상 모여 있는 곳으로 계속해서 군집되는 경향이 있다. 왜냐하면 공장 밀집지역 내에 함바식당, 공구상가, 편의점, 거래처 등이 모여 있기 때문이다. 중소기업은 근무 인원이 적어 자체적으로 구내식당을 운영할 여력이 안 되는 경우가 많다. 더불어 서로 일감을 주고받기 위해선 근거리에 위치해 있어야 한다. 만약 외딴곳에 홀로 떨어져 제조업체를 운영할 경우 일감을 수주하기도 어렵고, 직원 식사 문제 등 추가로 신경 써야 할 부분이 많이 생긴다. 이런 이유로 인프라가 갖춰진 곳으로 몰려드는 현상이 발생하고, 한 번 형성된 지역은 시간이 지날수록 외형적으로 확대되는 모습을 보인다.

　둘째, 공장이 밀집되어 있지 않지만 향후 호재가 있어 지가 상승이 예정되어 있는 지역에 투자하는 방법이다. 이 지역들은 임대·매매 수요가 탄탄하지 않기에 초보자가 진입하기 어렵지만, 호재가 실현됨에 따라 지가 및 공장 매매가가 가파르게 상승하는 특징을 보인다. 주로 대기업 유치, 신규 IC 개설, 전철역 개통 등으로 지가를 자극하는 호재가 있는 지역이다.

예를 들어 삼성전자가 들어오는 평택시 고덕면, 용인시 처인구, 서울~세종 간 고속도로 IC가 개설되는 안성시 보개면 일원 등이다. 이들 지역은 공장이 밀집되어 있지 않기에 인프라 및 수요는 약하나 호재가 실현되면 지가 상승률은 상당히 높아진다. 따라서 공장 투자 시 공실에 대한 리스크만 염두에 둔다면 초기 진입하여 높은 투자 수익을 얻을 수 있다.

》 좌: 안성시 보개면 서울~세종 간 고속도로 신설 IC, 우: 용인 반도체 클러스터단지

지가는 보통 호재가 실현되어 공사가 진행될수록 오르는 특징이 있다. 따라서 호재가 언론에 발표된 이후 알았다고 해서 늦었다고 생각하면 안 된다. 보통 처음 호재가 발표되면 발표 시점에 한 번 오르고, 이후 착공하면 오르고, 준공 후 차량 및 인구 유입이 시작되면서 다시 오른다.

2015년경 삼성전자가 들어오는 평택시 고덕면의 경우 평택 시민이라면 누구나 삼성전자가 들어온다는 사실을 알고 있었다. 그 당시 건축 허가가 가능한 고덕면 인근의 토지는 평당 140~160만 원 수준이었다. 당시 원주민들은 이전 토지 값을 알고 있었기에 그 가격에 누가 사냐고 비아냥거렸다. 그러나 착공을 하고 시간이 서서히 흐르면서 인근 지가가 꾸준히 우상향하기 시작했다. 최근엔 (2023년 12월 기준) 호가 기준 약 500만 원 내외의 매물이 나온다. 나도 착공 시점에 해당 지역의 경매 물건을 낙찰받아 보유했다가 5년 뒤 매각하여 괜찮은 수익률을 냈었다.

따라서 호재가 발표된 지역을 찾아 초기에 공장 투자로 진입하면 시세 차익과 현금 흐름 두 마리 토끼를 잡을 수 있을 것이다.

개발 호재 쉽게 확인하는 방법

호재가 있는 지역에 선진입하려면 개발 계획을 알아야 한다. 그러나 하나하나 지역별로 찾아보기가 쉽지 않다. 다행히 이 문제를 해결하기 위한 방법이 있다. 네이버 부동산에 접속하는 것이다. 네이버 부동산에 접속하면 개발 계획을 지도 위에 표시하여 가시성 있게 한눈에 볼 수 있다. 지도를 통해 확인한 후 해당 지역을 답사하여 공정률, 완공 시점, 토지 및 공장 매매가 추이 등을 확인하고 투자 시점 등을 저울질할 수 있다.

그럼 지금부터 네이버 부동산을 통하여 개발 계획을 확인하는
방법에 대해 살펴보겠다.

① 네이버 부동산 접속(land.naver.com)

검색 사이트에 접속하여 '네이버 부동산'을 입력 후 클릭한다.

≫ 네이버 부동산 사용법-1

② 지역 선택

네이버 부동산에 접속 후 왼쪽 상단에 있는 지역 선택 버튼을
클릭하여 호재를 알고자 하는 지역 또는 투자 물건이 있는 지역을
클릭한다.

>> 네이버 부동산 사용법-2

③ 개발 메뉴 선택

지역을 선택했다면 바로 지도 화면이 표시된다. 우측 상단 메뉴 중 '개발'을 클릭한다.

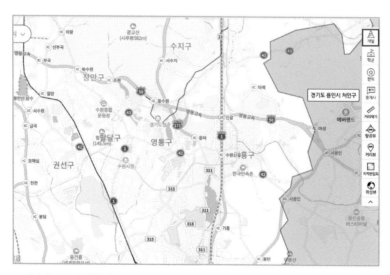

>> 네이버 부동산 사용법-3

④ 호재 확인

'개발'을 클릭하면 다음과 같이 신규로 개설되는 철도, 도로, 택지지구들이 나타날 것이다. 분홍색 네모 안에 있는 호재명으로 마우스를 이동하여 선택하면 개발 정보, 추진 경과 등 자세한 정보가 좌측에 표시된다. 만약 호재별로 더욱 자세한 정보를 찾아보고 싶다면 담당 시군구청에 문의하거나 검색 사이트 등을 이용하여 개발 이슈를 검색해보면 된다. 이후 현장에 나가 발품을 통해 착공 및 준공 시점 등을 조사해보도록 하자.

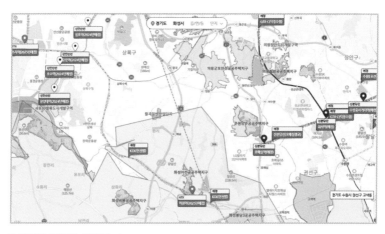

》네이버 부동산 사용법-4

일반인이 투자 가능한 지역은 어디일까?

공장 투자를 하기 위해선 가장 먼저 '용도지역'을 이해해야 한다. 용도지역이라 함은 쉽게 말해 주거지역, 상업지역, 녹지지역 등으로 토지의 용도를 지정해놓은 것을 말한다. 용도지역은 크게 도시지역과 비도시지역으로 나뉘고, 이후 21개 지역으로 세분화된다. 그러나 다행히도 공장 투자를 함에 있어 모든 용도지역을 외우거나 이해할 필요는 없다. 오른쪽 표에서 보이는 계획관리지역과 자연녹지지역만 이해하고 투자해도 충분히 수익을 낼 수 있다. 주로 이곳에 공장(창고)이 모여 있기 때문이다.

그렇다면 왜 계획관리지역과 자연녹지지역에 공장이 모여 있는지, 용도지역은 어떻게 확인해야 하는지 살펴보겠다.

구분	용도지역	지정 목적 & 의미
도시지역	제1종 전용주거지역	단독주택 중심의 양호한 주거환경 보호를 위한 지역
	제2종 전용주거지역	공동주택 중심의 양호한 주거환경 보호를 위한 지역
	제1종 일반주거지역	저층주택을 중심으로 편리한 주거환경 보호를 위한 지역
	제2종 일반주거지역	중층주택을 중심으로 편리한 주거환경 보호를 위한 지역
	제3종 일반주거지역	중고층주택을 중심으로 편리한 주거환경 보호를 위한 지역
	준주거지역	주거기능 위주이며 일부 상업기능과 업무기능을 보완하기 위한 지역
	중심상업지역	도심, 부도심의 상업기능과 업무기능 확충을 위한 지역
	일반상업지역	일반적인 상업기능과 업무기능을 담당하는 지역
	유통상업지역	도시 내 지역 간 유통기능의 증진을 위한 지역
	근린상업지역	근린지역에서의 일용품과 서비스의 공급을 위한 지역
	전용공업지역	중화학공업, 공해성 공업 등을 수용하기 위한 지역
	일반공업지	환경을 저해하지 않는 공업 등의 배치를 위한 지역
	준공업지역	공업 등을 수용하되 주거, 상업 업무기능을 보완한 지역
	보전녹지지역	도시의 자연환경, 경관, 산림, 녹지공간을 보전하기 위한 지역
	생산녹지지역	농업적인 생산을 위해 개발을 유보한 지역
	자연녹지지역	도시 녹지공간을 보전하는 범위 내에서 제한적 개발을 허용하는 지역
도시외지역	보전관리지역	환경보호, 수질오염방지, 녹지공간 확보 등을 위해 관리하는 지역
	생산관리지역	농업, 임업, 어업 생산 등을 위해 관리하는 지역
	계획관리지역	도시 편입이 예상되거나 자연을 고려한 제한적인 이용을 하기 위한 지역
	농림지역	농림업을 진흥시키고 산림을 보전하기 위한 지역
	자연환경보전지역	자연환경, 수자원, 해안, 생태계, 상수원, 문화재 보전을 위한 지역

≫ '자연을 계획적으로 관리하자'로 외우면 좋다.

1. 도시지역 내 가능 지역

도시지역 내 공장 투자가 가능한 용도지역 중 가장 좋은 곳은 '자연녹지지역'이다. 이곳은 주로 중심지를 벗어난 도심지 외곽에 분포되어 있다. 비도시지역인 계획관리지역과 경계를 이루고 있는 경우도 많다. 자연녹지지역이 공장 투자로 선호되는 이유는 도시 중심지 대비 외곽에 위치해 있어 상대적으로 지가가 저렴하며, 주택이 많지 않아 공장을 운영할 때 민원의 소지가 적기 때문이다. 더불어 자연녹지지역은 첨단 제조업종이 가능해 다양한 업종이 들어올 수 있도록 법으로 허용하고 있다. 용도지역상 도시 지역 내에서 공장 인프라가 갖춰지기에 가장 좋은 조건을 갖추고 있는 곳이 바로 '자연녹지지역'이다.

≫ 자연녹지지역에 아파트 단지가 들어오면 토지, 공장 가격도 상승한다.

그렇다면 용도지역을 확인하려면 어떻게 해야 할까? 단순히 로드뷰를 보거나 임장을 가서 육안으로 파악하는 것은 쉽지 않다. 용도지역은 토지이음*에 접속하여 해당 물건 주소를 입력하면 손쉽게 확인이 가능하다. 앞 페이지 사진 속 공장의 주소를 입력하여 조회해보니 아래와 같이 자연녹지지역 내에 위치한 물건으로 확인되었다. 이에 용도지역은 합격인 물건이라 생각할 수 있겠다.

>> 토지이음에 접속해 용도지역을 확인할 수 있다.

---

* 자세한 이용 방법은 부록을 참고하자.

2. 도시지역 외 가능 지역

앞선 도시지역에서 자연녹지가 좋았다면, 비도시지역에선 계획관리지역이 투자 지역으로 선호된다. 이 지역은 공장(제조장) 등이 자유롭게 들어올 수 있고 허용하는 업종의 범위가 가장 넓다. '네거티브 규제 방식'**을 적용하기에 지을 수 있는 건축물의 종류도 비도시지역 중 가장 많다. 따라서 개별입지 중 공장(창고) 시장이 가장 활성화되어 있는 지역이 바로 '계획관리지역'이다. 이 지역의 특징 중 하나는 건폐율***이 40%라는 것인데, 이는 자연녹지 건폐율이 20%인 것에 비해 바닥 면적 기준 건물을 더 넓게 지을 수 있어 수익률이 좋다.

앞으로 자세히 배우겠지만 공장은 건물 기준으로 임대료가 산정되기에 건물 평수가 넓을수록 임대료가 많이 나온다. 따라서 들어올 수 있는 업종의 범위도 가장 넓고 건폐율도 높아 투자 대상 지역 1순위로 꼽힌다.

물건을 보다 보면 계획관리지역과 자연녹지지역이 아니더라도 공장(제조장)이 존재하는 경우가 있다. 두 지역 외에도 공장(제조장)을 지을 순 있기에 가능한 경우다. 그러나 업종 제한이 생겨 수요의 범위가 넓지 않기에 향후 임대·매매가 수월하지 않아 투자 대

** 법률이나 정책으로 금지된 것이 아니면 모든 것을 허용하는 규제 방식이다.
*** 토지에서 건축물의 바닥 면적이 차지하는 비율을 이야기한다.

상 지역으로 적합하지 않다.

아래에 나오는 카카오맵****을 보면 생산관리지역과 계획관리지역 내에 있는 공장의 밀도 차이를 볼 수 있을 것이다. 갈색으로 표시된 계획관리지역은 공장이 빼곡히 들어와 있지만 초록색으로 표시된 생산관리지역은 공장 밀도가 굉장히 낮은 것을 볼 수 있다. 이 점이 바로 용도지역의 중요성이다.

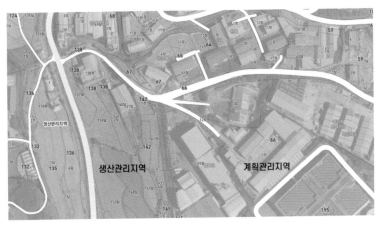

》 비슷한 위치의 땅이라도 용도지역에 따라 건물 밀집도 및 가격이 달라진다.

따라서 모든 용도지역을 외울 필요 없이 계획관리지역과 자연녹지지역에 위치한 공장에만 투자한다고 기억하면 되겠다. 이렇게 하면 사지 말아야 할 물건의 대부분을 걸러낼 수 있을 것이다.

***

**** 자세한 이용 방법은 부록을 참고하자.

초보자들이 공장 투자를 할 때 가장 많이 하는 실수가 바로 용도지역을 고려하지 않는다는 점이다.

3. 개별입지 vs 산업단지

공장은 크게 개별입지와 산업단지에 위치한 공장으로 분류되며 분류의 기준은 용도지역이다. 개별입지 공장은 주로 자연녹지와 계획관리지역에 위치해 있으며 산업단지 공장은 일반공업지역, 준공업지역 등에 위치해 있다. 두 지역의 특징을 살펴보면 개별입지는 주로 개인이 보유하고 있는 소형 토지에 공장을 건축하지만, 산업단지는 국가, 지자체, 건설사 등에서 큰 평수의 토지를 매입하여 분할한 뒤 수분양자에게 매각하여 공장을 짓는다.

이런 이유로 개별입지는 난개발 형태의 모습을 띠고, 산업단지는 계획적인 형태의 모습을 띠어 마치 주택과 비교하면 구도심과 신도심을 보는 듯한 모습을 볼 수 있다.

》 개별입지(좌)와 산업단지(우)는 위성 사진으로만 봐도 쉽게 구분이 된다.

그렇다면 투자자 입장에서 개별입지가 좋을까 산업단지가 좋을까? 이를 판단하기에 앞서 먼저 알아둬야 할 것이 있다. 산업단지는 '산업집적활성화 및 공장설립에 관한 법률'에 의거해 제조업을 실제 하고 있는 실사용자만이 매수할 수 있다는 것이다. 따라서 개인이 접근할 수 없으며, 개인이 공장 투자를 한다면 개별입지로 가야 한다.

그러나 아쉬워할 필요는 없다. 산업단지는 보통 중견 기업 이상이 입주해 있기에 규모가 커서 매매 금액이 수십~수백억 원을 넘어간다. 애초에 개인이 투자하기엔 금액이 크며 대부분의 제조 공장은 개별입지에 몰려 있어 상대적으로 시장이 작다고 볼 수 있다.

공장이 산업단지에 위치했는지 확인하는 방법은 앞서 배운 방법과 동일하다. 토지이음을 통해 확인할 수 있다. 경매 물건이 나왔거나 매물을 소개받았다면 토지이음에 접속하여 해당 지번을 입력해보자. 산업단지는 용도지역상 공업지역에 있으며 다른 법령 등에 따른 '지역·지구등'란에 산업단지라고 표기된 것을 볼 수 있을 것이다. 산업단지로 표기되어 있으면 제조업을 하지 않는 개인은 투자가 불가능한 지역이다. 이외에도 시청마다 산업단지를 관리하는 부서가 별도로 존재하는데, 그곳에 전화하여 개인이 투자할 수 있는지 물어보면 답변을 받을 수 있다.

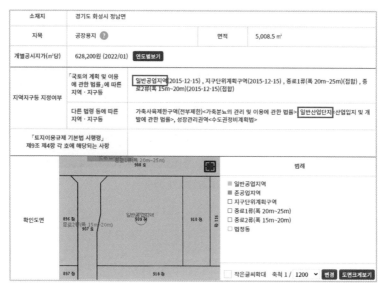

소재지	경기도 화성시 정남면		
지목	공장용지 ❓	면적	5,008.5 ㎡
개별공시지가(㎡당)	628,200원 (2022/01) 연도별보기		
지역지구등 지정여부	「국토의 계획 및 이용에 관한 법률」에 따른 지역·지구등	일반공업지역(2015-12-15) , 지구단위계획구역(2015-12-15) , 중로1류(폭 20m~25m)(접합) , 중로2류(폭 15m~20m)(2015-12-15)(접합)	
	다른 법령 등에 따른 지역·지구등	가축사육제한구역(전부제한)<가축분뇨의 관리 및 이용에 관한 법률> , 일반산업단지<산업입지 및 개발에 관한 법률> , 성장관리권역<수도권정비계획법>	
「토지이용규제 기본법 시행령」 제9조 제4항 각 호에 해당되는 사항			
확인도면	(지도 이미지)	범례 ▨ 일반공업지역 ▨ 준공업지역 □ 지구단위계획구역 □ 중로1류(폭 20m~25m) □ 중로2류(폭 15m~20m) □ 법정동	

≫ '공업지역', '산업단지'라고 표기된 것을 볼 수 있다.

투자 시 피해야 할 지역

공장도 수요가 있는 곳에 매입하는 게 중요하다. 수요가 많은 곳이라 함은 공장이 밀집되어 있는 곳을 말한다. 사실 공장 투자가 쉬운 이유는 상가처럼 상권이나 동선 등을 분석할 필요가 없기 때문이다. 공장이 밀집되어 있는 곳을 찾았다면, 그 안에서 개별 요인만 잘 살펴서 시세 조사를 한 뒤 매입하면 된다.

그렇다면 어떤 지역을 피해야 할까? 바로 도심지에서 멀리 떨어져 있으며 공장이 밀집되어 있지 않은 곳이다. 지방은 특히 군(郡) 지역을 조심해야 한다. 군 지역이 나쁘다기보다는 수요가 없어 임

>> 위성 사진을 통해 공장 밀집도를 쉽게 파악할 수 있다.

대를 맞추기가 어렵고 향후 매각하는 것도 쉽지 않다.

위 사진은 경기도 관내 일부 지역의 위성 사진이다. 두 지역은 용도지역이 똑같이 계획관리지역이다. 좌측의 경우 공장이 밀집되어 있기에 임대·매매 수요도 충분할 것이며 공장을 운영하기 위한 인프라가 잘 갖춰져 있을 것이라 예측할 수 있다. 우측 사진의 경우 공장이 드문드문 보여 밀집도가 낮다는 것을 확인할 수 있다. 밀집도가 낮으면 공장이 계속해서 군집할 가능성이 적어지고, 이는 곧 인프라의 부재로 나타난다. 더불어 수요가 많지 않아 지가 상승도 제한적이다. 그렇기에 공장도 수요가 있는 곳에 투자해야 마음 편히 임대 사업을 할 수 있고, 향후 매각 시 매매 차익도 얻을 수 있다.

콕 짚어
알려주는
공장
필수 지식

06

공장 임대·
매매가격이
형성되는 원리

공장 임대료는 어떻게 형성될까?

1. 임대료 산정의 원리

공장 임대료 산정 방법은 간단하다. 건물 평수에 정해진 시세를 곱하면 된다. 예를 들어 화성시의 경우 2023년 12월 기준 신축 공장 시세가 평균 3만 원 정도이다. 만약 토지 990㎡(300평), 건물 330㎡(100평)가 지어진 공장이 있을 경우 토지 평수를 제외하고 건물 100평×3만 원을 해서 300만 원의 임대료를 책정하면 된다. 보증금은 상가와 다르게 월세×10개월 치를 받는 게 관례이다. 따라서 보증금 3,000만 원, 월세 300만 원으로 시세가 결정된다고 이해하면 되겠다. 다만 관례를 벗어나 보증금을 조금 더 받는 경우도 있으니 이 부분은 상황에 맞게 활용하면 된다.

공장 임대료는 신축이 가장 비싸고, 건물이 오래될수록 건물 감가상각*을 고려하기 때문에 임대료가 저렴해진다. 따라서 시세 조사 시 신축 기준으로 임대료를 조사하면 되고 만약 건물이 10년 내외일 경우 신축 대비 10%를 감가하고, 20년이 됐다면 20%를 감가하여 개략적인 시세 기준을 잡으면 된다. 공장 임대료는 용도지역 및 도로 폭에 크게 영향을 받지 않고 대부분 연식으로 결정되기 때문에 타 종목 대비 임대료 계산 원리가 심플한 편이다.

〈준공 3년, 평당 3만 원〉 〈준공 14년, 평당 2.7만 원〉 〈준공 21년, 평당 2.4만 원〉

》 연식이 오래된 공장은 층고가 낮은 경우가 많다. 이는 임차 수요에 영향을 미친다.

2. 임대료 계산하는 방법

예제를 통해 구체적인 임대료를 계산하는 방법을 살펴보겠다. 토지 660㎡(200평), 건물 200㎡(60평)인 신축 매물이 임대로 시장에 나온 경우 신축 시세가 평당 3.5만 원이라고 가정해보자. 그럼 월세는 60평×3.5만 원= 210만 원이 될 것이고, 보증금은 월세의 10개월 치인 2,100만 원으로 책정될 것이다. 만약 토지 200평, 건물

---

* 자산의 가치 감소를 회계에 반영하는 절차를 이야기한다. 일상에선 물건이 오래될수록 실제 가치가 감소한다는 의미로도 사용한다.

60평이 아닌 990㎡(300평), 건물 200㎡(60평)이더라도 보증금 및 임대료는 동일할 것이다. 따라서 토지 평수와 상관없이 건물 면적 기준으로만 임대료가 산정된다는 것을 다시 한번 기억하도록 하자.

여기서 한 가지 중요한 포인트는 내가 만약 투자자라면 건폐율, 즉 토지 위에 건물을 가장 넓게 지은 매물을 골라내야 한다는 것이다. 그래야 임대료를 더 받을 수 있고, 이는 곧 수익률로 연결된다.

네이버 부동산 실매물을 통해 계산하는 방법을 살펴보도록 하자. 아래 물건은 화성시 팔탄면에 위치한 물건이다. 건물 면적은 194㎡이며 이를 '평'으로 환산하기 위해선 0.3025를 곱하면 된다. 그럼 58.6평이 나온다. 월세 160만 원에 나온 것으로 보아 58.6평을 나누면 평당 약 2.7만 원에 임대를 내놓은 상태이다. 보증금은 월세×10개월 치로 계산하여 1,600만 원인 것을 확인할 수 있다.

공장·1층
월세 1,600/160 ↑
지상층/지하층: 1/-층   사용승인일:2015.12.18   대지/연 면적:1322㎡/194㎡

매물정보   사진   ↻ 평

소재지   경기도 화성시 팔탄면 율암리

매물특징   팔탄 율암리 1공단 임대료저럼 호이스트o

대지/연면적   1322㎡/194㎡

건축/전용면적   -㎡/-㎡

》임대료 계산 예제-1

다음 물건을 살펴보자. 경기도 김포시에 위치한 공장 물건으로, 건물 면적은 198㎡이다. 똑같이 0.3025를 곱해보니 59.8평이 나온다. 보증금 및 월세가 1,500/150만 원인 것으로 보아 평당 2.5만 원에 월세를 내놨고, 월세×10개월 치의 보증금으로 책정된 것을 확인할 수 있다.

공장·1층

월세 1,500/150

지상층/지하층: 1/-층 사용승인일:2019.12.20 대지/연 면적:1103㎡/198㎡

매물정보 **사진**　　　　　　　　　　　　　　　　　　　　　　　　　ᘓ평

소재지	경기도 김포시 대곶면 상마리
매물특징	60. 상마리 5톤호이스트 단독아님 민원소지없음
대지/연면적	1103㎡ 198㎡
건축/전용면적	198㎡/-㎡

≫ 임대료 계산 예제-2

공장 매매가는 어떻게 형성될까?

1. 매매가 산정 원리

공장 임대는 토지 평수와 상관없이 건물 기준으로 책정했지만, 공장 매매는 반대로 건물 평수와 상관없이 토지 기준으로 책정한다. 예를 들어 토지 660㎡(200평), 건물 200㎡(60평)인 매물이 시장에

나와 있고 주변 공장의 매매 시세가 평당 350만 원이라고 가정해보자. 그럼 '토지 200평×350만 원= 7억 원'이라는 시세가 형성된다. 앞서 '공장 투자는 토지 투자다.'라고 말했던 게 생각나는가? 공장은 철저히 토지 평수에 시세를 곱하여 매매가를 산정하기에 주변 토지 가격이 오르면 공장 매매가도 오르고, 반대로 토지 가격이 떨어지면 매매가도 떨어진다. 철저히 토지 가격의 상승과 하락에 기대어 하는 투자이다.

그렇다면 만약 월세를 더 높게 세팅하면 상가처럼 매매가를 더 높게 받을 수 있지 않을까? 그렇지는 않다. 공장은 보증금과 임대료를 얼마에 세팅했는지 여부에 상관없이 오로지 토지 가격으로 매매가를 책정한다.

임대와 마찬가지로 매매도 공장 연식에 따라 건물 감가상각분을 반영하여 시세 차이를 보인다. 연식에 따른 시세 기준은 임대와 마찬가지로 10년마다 신축 시세에서 10%씩 차감하면 된다. 만약 인근 신축 공장 매매 평단가가 350만 원이라 가정하면, 10년 된 건물은 10% 차감하여 320만 원 내외, 20년 된 건물은 20% 차감하여

〈준공 2년, 평당 350만 원〉　〈준공 14년, 평당 320만 원〉　〈준공 24년, 평당 280만 원〉

》 연식에 따른 공장 매매가

280만 원 내외로 개략적인 시세 기준을 잡으면 된다. 물론 여기서 ±하여 지역에 따라 조금씩 조정하면 된다.

2. 매매가 계산하는 방법

공장은 건물이 차지하고 있는 바닥 면적, 즉 건폐율과 상관없이 토지 기준으로 책정하면 된다고 배웠다. 그렇다면 네이버 실매물을 통해 공장 매매가를 한번 계산해보겠다.

두 매물 모두 화성시 팔탄면에 위치한 소형 공장이다. 먼저 아래 매물은 대지 792㎡, 건물 368㎡의 면적으로 건축되었다. 공장은 건물 면적에 상관없이 토지 면적으로 매매가가 계산되니, 토지 면적에 인근 시세에 맞는 평단가를 곱하면 된다. 따라서 792㎡를 평으로 환산하면 약 239평이 되고, 여기에 평당 350만 원을 곱하면

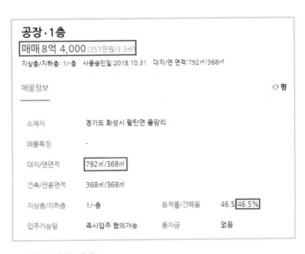

》 매매가 계산 예제-1

8억 3,650만 원이 나온다. 반올림하여 8억 4,000만 원에 매물로 내놓은 것으로 파악된다.

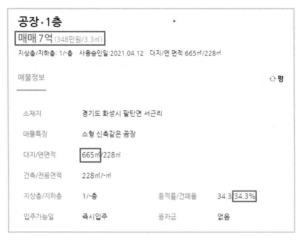

공장·1층

매매 7억 (348만원/3.3㎡)

지상층/지하층: 1/-층   사용승인일:2021.04.12   대지/연 면적:665㎡/228㎡

매물정보   ↻ 평

소재지	경기도 화성시 팔탄면 서근리
매물특징	소형 신축같은 공장
대지/연면적	665㎡/228㎡
건축/전용면적	228㎡/-㎡
지상층/지하층	1/-층
입주가능일	즉시입주

| 용적률/건폐율 | 34.3/34.3% |
| 융자금 | 없음 |

>> 매매가 계산 예제-2

다음 물건 역시 토지 면적이 665㎡이며 이를 평으로 환산하면 약 201평이 나온다. 여기에 평당 350만 원을 곱하면 7억 350만 원이 나오는데 이 물건은 반내림하여 7억 원에 매물로 내놓았다.

여기서 한 가지 주의 깊게 볼 부분은 '건폐율'이다. 위 가격을 보면 건폐율의 높고 낮음에 상관없이 시세가 비슷하게 형성된 것을 볼 수 있다. 그렇다면 투자자는 비슷한 조건의 매물이 나온 경우 건폐율이 높은 물건과 낮은 물건 중 어떤 것을 선택해야 할까? 이때는 건폐율이 높은 물건을 선택하는 게 유리하다. 왜냐하면 공장 임대는 토지 평수와 상관없이 건물 면적 기준으로 산정되기에 건폐율이 높은 물건이 임대료를 더 받을 수 있고, 이는 투자 수익률로 직결되기 때문이다.

공장이 가장 많은 계획관리지역은 건폐율이 40%인데, 보통 30~40%는 적정 건폐율, 25~30%는 약간 낮음, 25% 이하는 낮음으로 시세 대비 저렴하게 매입해야 한다.

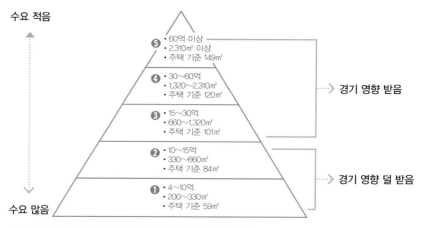

공장 평형(금액)대별 공략 포인트

수요 적음

❺ · 60억 이상
· 2,310㎡ 이상
· 주택 기준 149㎡

❹ · 30~60억
· 1,320~2,310㎡
· 주택 기준 120㎡ ┈> 경기 영향 받음

❸ · 15~30억
· 660~1,320㎡
· 주택 기준 101㎡

❷ · 10~15억
· 330~660㎡
· 주택 기준 84㎡ ┈> 경기 영향 덜 받음

❶ · 4~10억
· 200~330㎡
· 주택 기준 59㎡

수요 많음

>> 경기도 화성시 기준이며 타 지역은 별도로 조사해야 한다.

공장은 건물 기준 200㎡(60평)가 가장 작은 평수이며, 200㎡(60평)~330㎡(100평) 면적이 수요가 가장 많다. 이 구간에 속하는 물건은 경기 남부 기준 보통 4~10억 원대를 이루고 있으며 임대가는 150~300만 원에 형성되어 있다. 이를 주택 기준으로 환산하면 전용면적 59㎡(18평)와 비슷한 개념으로 볼 수 있다. 수요는 피라미드 구조에서 아래 면적으로 내려갈수록 많아져 공실 위험이 덜하고, 위로 올라갈수록 수요가 적어지며 공실 위험이 높다.

내가 만약 공장 투자 초보자라면 ①, ②번 구간에 있는 공장 위주로 투자를 할 것이다. 위로 올라갈수록 수요도 적어지지만 경기 영향을 상대적으로 많이 받기에 불황기에 공실이 발생하면 재임차를 맞추기까지 상당한 시간이 소요될 수 있기 때문이다. ①, ②번 구간의 공장 역시 불황기에 영향을 받긴 하지만 상대적으로 공실 기간이 짧다. 왜냐하면 신규로 창업하려는 수요가 기본적으로 이 구간에 진입하며, 소규모로 제조업을 운영하는 사람이 훨씬 많기 때문이다.

추가로 ③, ④, ⑤번 구간에서 사업을 하는 사람들의 경우 경기가 어려워지면 규모를 줄여 ①, ②번 구간으로 다시 내려온다. 따라서 초보자라면 ①, ②번 구간의 매물을 공략하면 된다. 여기서 조금 더 보수적으로 움직이고 싶다면 ①번 구간만 공략해도 좋다. 만약 대출 포함 10억 원 이상의 자금을 투자할 수 있는 상황이라면 10억 원 이상 되는 공장 1개를 매입하는 것보다 5~6억 원대 공장 2개를 매입하여 리스크를 분산하는 것도 좋은 방법이다. 어쨌든 공장 역시 면적이 작을수록 매매가가 낮아지고 수요가 많아지기에 환금성 측면에서 유리하다.

제조 기업이 부동산 투자를 하는 방법

독자 여러분 중 국내 제조 기업이 어떻게 부동산 투자를 하고 있는지 궁금한 사람도 있을 것이다. 나도 공장 투자를 하기 전까지는 잘 몰랐다. 단순히 공장을 소유하고 제조 공장에서 제품만 생산하는 줄 알았다. 그러나 공장 투자를 하면서 한 가지 깨달은 사실이 있다. 제조 기업들은 공장에서 제품을 생산해 수익도 내지만, 향후 보유하고 있는 공장을 매각해 얻는 수익도 컸다. 공장을 매각하게 되면 토지 가격이 올라 시세 차익이 굉장히 크다. 겉으로는 공장을 소유해 제품을 생산하고 그 제품을 팔아 수익을 내는 것처럼 보이지만, 속을 들여다보면 부동산 투자를 하는 것이나 다름없다.

공장은 특성상 작게는 몇백 평에서 크게는 수만 평의 토지가 필요하다. 이 위에 공장을 지어 사용한다. 그렇기 때문에 다른 어떤 부동산보다 토지를 많이 깔고 있다. 더불어 공장 매매가는 토지 가격과 연동되어 움직인다. 이런 이유로 공장 투자의 본질은 지가 상승 흐름에 올라타는 토지 투자인 것이다. 국내 제조 기업 대부분은 일찍이 이를 알고 수도권을 포함해 전국 각지에 대형 토지를 매입하여 공장을 세웠다. 그리고 시간이 흘러 지가가 많이 오르면 이를 매각하여 시세 차익을 냈다.

한 예로 약 12년 전, 내가 있는 사무실 인근에 대기업 계열사 A가 식자재 유통 공장을 세웠었다. 그 당시 토지 매입가는 평당 80만 원 수준으로 약 1만 8,000평 정도를 매입했다. 그리고 건축 허가를 받아 시공 후 공장을 준공해 현재까지 사용하고 있다. 현재 해당 공장의 매매 시세는 평당 약 500만 원이 넘는다. 건축비를 포함해 단순 계산해봐도 매각 차익이 600억 원이 넘는다. 팔지 않는다면 계속해서 올라갈 것이다. 결국 해당 기업은 물품을 생산해 얻은 사업 소득과 향후 매각 시 시세 차익까지 두 마리 토끼를 한 번에 잡게 된 셈이다. 이게 바로 중소기업부터 대기업까지 국내 제조 기업만 아는 그들만의 투자 방식이다. 본업과 재테크를 같이 하는 것이다.

>> 관련 기사(위: 부산일보, 아래: 머니투데이)

그렇다면 기업이 아닌 개인도 이렇게 할 수 있을까? 물론이다! 기업처럼 수백억 원의 공장을 매입하긴 어려울 것이다. 그러나 5억 원대 내외의 공장을 매입하는 건 가능하다. 매입 후 월세를 주어 지가가 오를 때까지 마음 편히 기다리면 된다. 제조만 안 할 뿐이지 국내 기업이 투자하는 방식 그대로 적용이 가능하다.

혹시 독자분들 중 제조업체를 운영하고 있는데 자가 공장이 없는 분이 계시다면, 약간 무리해서라도 자가 공장을 꼭 매입하시기 바란다. 그렇지 않으면 시간이 갈수록 공장을 보유한 업체와 자산 격차가 늘어나게 될 것이다. 한 가지 팁을 주자면, 제조업을 하고 있다면 다양한 정책 자금 활용이 가능하다. 이는 실투자금을 줄이는 데 도움이 될 것이다. 따라서 만약 시간이 된다면 은행에 방문해 상담해보는 것을 추천한다.

07

돈 되는 공장
고르는
7가지 기준

'돈 되는 공장'이란 수요자 입장에서 누구나 좋아하는 입지에 위치한 공장을 말한다. 이는 '환금성이 좋다'라는 말로 바꿔서 표현할 수 있다. 결국 공장도 입지가 중요하다. 주거용 부동산과 달리 어떤 관점에서 입지를 분석하고 매물을 골라 투자해야 하는지 살펴보겠다.

다만 이제부터 배울 7가지 기준을 모두 외우려고 하지는 않아도 된다. 뒤에 나오는 '09 임장 체크리스트 활용법'에 해당 내용이 모두 담겨 있다. 그러니 가볍게 이런 입지의 공장을 수요자들이 선호한다는 정도만 알고 넘어가면 되겠다.

기준① 도로 폭은 넓을수록 좋다

공장은 접해 있는 도로의 폭이 넓을수록 인기가 많다. 왜냐하면 다양한 업종을 받을 수 있기 때문이다. 만약 건물 스펙이 비슷한 매물이 시장에 나왔는데 접해 있는 도로 폭이 3m(1차선)인 공장과 6~8m(2차선)인 공장이 있다면 후자가 먼저 임대·매매될 확률이 높다.

공장은 수요자마다 대형 차량 진출입 필요 여부가 다르다. 이때 도로 폭이 좁은 곳에 위치한 공장은 대형 차량 진출입이 필요한 업종을 받지 못한다. 반대로 도로 폭이 넓은 공장은 소형부터 대형 차량 진출입이 필요한 업종까지 아울러 받을 수 있다. 따라서 수요의 폭이 넓어지면서 임차 시 공실 기간이 짧아질 것이고, 이는 향후 매매 시 환금성까지 연결된다.

공장은 대개 교외지역에서도 땅값이 저렴한 이면도로를 따라 많이 건축된다. 이면도로는 보통 3~6m 도로 폭에 접해 있는 토지들이 많고 이 토지 위에 공장이 지어진다. 따라서 임장을 가보면 2차선보다는 이면도로에 위치한 공장을 많이 볼 수 있을 것이다.

〈도로 폭 3m〉　　〈도로 폭 6m〉　　〈도로 폭 8m〉

》 실제 임장을 가보면 이면도로에 위치한 공장을 많이 볼 수 있다.

기준② 층고는 처마 기준 최소 6m 이상

공장의 층고는 투자 시 중요한 요소 중 하나이다. 층고가 낮으면 받을 수 있는 임차인의 범위가 좁아지고, 층고가 높으면 반대로 받을 수 있는 임차인의 범위가 넓어지기 때문이다. 실무에선 층고를 처마 기준으로 이야기한다. 만약 처마 기준 층고가 6m 미만이라면 호이스트나 높이가 있는 기계, 기구를 설치해 제품을 생산하는 업종은 받을 수 없다. 이는 곧 임대·매매 수요와 연관되어 있어 향후 환금성 및 공실에 따른 손실로 이어진다. 따라서 층고는 처마 기준 최소 6m 이상인 건물을 선정해 투자해야 한다.

》 공장의 높이, 처마, 용마루

〈층고 3m〉

〈층고 7m〉

》 층고가 낮은 공장은 대개 가장 늦게 임대·매매가 맞춰진다.

기준③ 단층 공장이 임대·매매하기 유리하다

공장은 대부분 단층이지만 복층 형태로 지어진 공장도 시장에 존재한다. 복층 형태의 공장은 외관상으로 보면 처마 기준 높이가 7m 이상으로 보여 투자하기 괜찮은 매물로 판단할 수 있다. 그러나 내부에 들어가 보면 층으로 공간을 분리하였기에 1층 층고가 4m, 2층 층고가 3m 내외로 구성된 경우가 많다.

앞서 공장 층고는 처마 기준 6m 이상은 되어야 한다고 했는데 여기에도 한 가지 주의할 점이 있다. 외관상 건물의 층고 높이가 아닌 실사용 기준으로 6m인지 확인해야 한다. 복층 형태의 공장은 외관상 높이가 7m이지만 내부 1층 층고가 4m이기에 임대·매매 시 수요의 범위가 좁아진다. 이런 이유로 복층으로 구성된 공장은 피해야 할 유형 중 하나이며, 수요자의 폭을 넓히기 위해 단층으로 이뤄진 물건 위주로 투자해야 한다.

<단층 공장>

<복층 공장>

층고 7m

층고 3m

》 복층 공장은 텍스 마감되어 층고가 낮다.

기준④ 고속도로 IC가 근거리에 있으면 좋다

공장 인근에 고속도로 IC가 있으면 일반 제조업 외 물류업종까지 수요자가 늘어나게 된다. 중소 규모의 물류업을 할 경우 공장 밀집지역이면서 IC가 근거리에 위치해 있는 중소형 공장(창고)을 선호하기 때문이다. 우리가 흔히 알고 있는 쿠팡이나 CJ, 롯데 등 대형 택배 회사에서 물류를 일부 하청받아 개인사업자 형태로 운영하는 곳들이 있다. 이들이 주 수요층이다. 코로나가 한창이던 시기엔 집에서 온라인 쇼핑을 많이 하다 보니 온라인 유통이 활성화되어 물류업이 호황을 이루었다. 이에 제조업체가 나간 공장 자리에 물류 창고가 자리를 잡는 경우가 많았다.

》IC와 가까울수록 제조업 외 창고 수요도 높아진다.

고속도로 IC와 더불어 교외지역에 시원하게 뻗어 있는 주요 국도 인근도 좋다. 주로 신호등이 적고 준고속도로 개념으로 사용되며 IC까지 잘 연결되어 있는 경우가 많아 물류 이동이 수월하다. 다음 페이지 왼쪽 사진을 보자. 시원하게 뻗어 있는 도로(분홍색 라인)를 볼 수 있으며, 도로 기준으로 양 옆에 공장(창고) 지대가 형성되어 있다.

》 국도 43호선(분홍색) 양 옆에 공장(창고) 지대가 형성되어 있다.

결론적으로 공장 투자에 있어 고속도로 IC 인접이 필수 조건은 아니다. 그러나 만약 인접해 있다면 제조업 외 물류 수요도 받을 수 있기에 수요자의 범위를 넓힐 수 있다.

기준⑤ 주변에 민가 등이 없을수록 좋다

제조업을 운영할 때 가장 신경 쓰이는 것 중 하나가 바로 '민원'이다. 공장은 기계를 가동하고 제품을 생산하는 과정에서 필연적으로 소음과 분진이 발생한다. 이때 주변에 민가가 있다면 민원이 접수될 확률이 올라간다. 만약 시에 민원이 들어가면 담당 공무원이 방문해서 현장을 살펴볼 것이다. 사업을 운영하는 입장에서 공무원이 나와 내 사업장을 자꾸 들여다본다면 여간 불편한 일이 아니다. 정도가 심해지면 그곳에서 사업을 계속 해야 할지 말아야 할지까지 고민하게 된다. 가끔 임차인 중에는 민원에 하도 데여서 주변에 민가가 있는 곳은 아예 보려고 하지 않는 경우도 있다. 따라서 공장 주변으로 단독, 농가 주택이 밀집해 있거나 다가구, 다세대 형태의 공동 주택이 있다면 투자 대상 리스트에서 과감히 빼도록 하자.

》 전원주택 단지와 인접해 있는 공장

기준⑥ 공장이 밀집되어 있는 곳이 좋다

만약 제조업을 운영하는데 식당이 멀어 직원들이 식사하기 어렵다면 어떨까? 아니면 주변에 신규 거래처 발굴할 곳도 없고 긴급하게 필요한 공구를 구입하는 것도 어렵다면? 이런 곳에서 사업을 하려고 하는 사람이 있을까? 아마 거의 없을 것이다. 공장이 밀집되어 있는 곳에 투자해야 하는 첫 번째 이유가 바로 '인프라' 때문이다. 우리가 주거지를 선택할 때 학교, 병원, 마트, 교육 시설 등이 가까이에 있는 곳을 선호하는 것과 같은 이치이다.

사실 땅값이 상대적으로 저렴한 지방 소도시에서도 공장을 지을 수 있고 제조업을 운영할 수 있다. 그러나 결국 인프라 시설이 없기 때문에 누구도 가려고 하지 않는다. 수요자 입장에서는 당연히 인프라 시설이 갖춰진 곳을 원하기 마련이다. 바로 이 지역이 공장 밀집지역이다.

》》공장 운영에 필요한 인프라는 많이 모여 있을수록 좋다.

공장 밀집지역은 대부분 몇십 년 전부터 자리 잡아온 곳이 대부분이다. 그래서 제조업을 운영하기에 최적화되어 있다. 이런 이유로 사람들이 계속해서 밀집지역에 몰리게 되고 수요가 늘어날 수밖에 없는 것이다. 이는 곧 지가 상승에도 긍정적인 영향을 미친다. 공장 투자도 결국 수요가 있는 곳에서 해야 안정적인 수익을 올릴 수 있다. 이런 곳이 바로 공장 밀집지역이다. 공장 밀집지역은 주로 수도권 및 지방 대도시 외곽에서 볼 수 있다.

》 화성시 관내 동오사거리. 공장 밀집지역으로 유명하다.

기준⑦ 계획관리, 자연녹지 내 위치한 공장이 좋다

공장은 용도지역에 따라 들어올 수 있는 업종의 범위가 제한된
다고 배웠다. 만약 용도지역을 보지 않고 보전관리지역 내에 위치
한 공장을 매입할 경우, 일반 제조 및 산업용 창고가 들어올 수 없기
에 공실이 길어지고 투자 수익을 악화시킬 수 있다. 비도시지역 중
계획관리지역을 제외하면 대부분의 용도지역은 건폐율 20%를 적
용받는다. 결국 건축 면적이 작아져 월세 수익률이 낮아지게 된다.

'국토의 계획 및 이용에 관한 법률'을 살펴보면 여러 용도지역

이 있지만 공장 투자자는 딱 2가지, 계획관리와 자연녹지지역만 기억해서 투자하면 된다. 두 용도지역은 산업용 창고, 대부분의 제조업과 첨단업종을 받을 수 있기 때문이다. 용도지역은 임장을 가도 육안으로 구분이 불가능하니 꼭 토지이음을 통해 확인해보는 습관을 기르도록 하자. 초보자의 경우 용도지역 개념을 몰라 제조업이 불가능한 위치에 있는 공장을 매입하는 실수를 종종 범하기도 한다. 겉으로 봤을 땐 일반적인 공장처럼 보이고, 매매 금액도 계획관리지역 공장 대비 저렴하게 나오는 경우가 많기 때문이다.

≫ 보전관리지역 내에 위치한 공장

08

공장 임대·매매 시세 조사 쉽게 하는 방법

매매 시세 조사, 두 가지만 알면 끝

공장 시세 조사는 2가지만 기억하면 된다. 첫째, 도로 폭, 둘째, 연식이다. 먼저 도로 폭을 살펴보자. 공장 시세는 접해 있는 도로 폭에 따라 가격이 1차로 정해지고, 2차로 연식에 따라 가감된다. 물론 어느 용도지역에 위치해 있느냐에 따라 매매가격이 달라진다. 그러나 우리는 계획관리 및 자연녹지지역에 위치한 공장만 투자할 것이기 때문에 타 용도지역은 제외하도록 하자.

공장의 도로 폭은 앞서 배운 것처럼 중간에 노란선이 그어져 있는 2차선 변과 2차선 변에서 안쪽으로 들어가는 이면도로를 따라 주로 분포되어 있다. 이때 교외지역의 토지 값은 2차선 변이 이면도로보다 더 비싼데 공장 역시 이 규칙을 그대로 따른다. 따라서 공장 시세를 조사할 땐 2차선 변과 이면도로에 위치한 공장을 분리하여 시세 조사를 해야 한다. 만약 2차선 변에 위치한 공장 시세를 조사해야 하는데, 이면도로의 매물을 많이 보고 시세를 비교, 유추한다면 잘못된 투자 결정을 할 가능성이 높아진다. 이는 반대의 경우도 마찬가지다.

》 좌: 이면도로, 우: 2차선 도로

다음으로 연식이다. 이면도로에 위치해 있고 도로 조건도 같은데 신축과 20년 된 구축의 시세가 같다면 합리적이란 생각이 들까? 아마 대부분이 '비합리적'이라고 생각할 것이다. 공장은 연식에 따라 시세가 한 번 더 구분된다. 만약 이면도로에 위치한 신축 공장의 시세가 평당 350만 원이라고 한다면, 당연히 구축은 이보다 더 저렴할 것이다. 보통 연식이 10년 이상 된 경우 신축 대비 10%, 20년 이상 된 경우 20% 정도 가감해서 시세 기준을 잡으면 된다.

그렇다면 이런 생각이 들 수도 있다. 앞서 공장은 오래 보유하고 있다가 토지 가격과 함께 공장 가격이 오르면 판다고 했는데, 방금 한 말에 따르면 오래 보유하고 있으면 손해가 아니냐는 질문이다. 그러나 걱정할 필요 없다. 신축을 분양받아 20년을 보유한 경우 신축 대비 건물 감가상각분을 고려하여 시세가 일부 조정되긴 하지만, 건물이 감각상각되는 것보다 20년 동안 상승하는 토지 가액이 훨씬 더 크다. 따라서 공장은 토지 가격과 철저히 연동되어 있고 이에 기대어 하는 투자이기 때문에, 절대로 주변 토지 가격 이하로 매매가격이 떨어지지 않는다.

정리하면 시세 조사 시 2차선, 이면도로별로 시세를 나누고 이후 연식별로 시세를 밴드화하면 어렵지 않게 공장 시세를 파악할 수 있다. 이 두 가지 원칙만 기억해도 공장을 비싸게 사는 실수를 줄일 수 있을 것이다.

>> 이면도로에 위치한 구축(좌), 신축(우) 공장

임대 시세 조사, 한 가지만 알면 끝

공장 임대 시세는 매매보다 쉽다. 임대의 경우 도로 폭과 상관없이 오로지 연식에 따라 결정된다. 따라서 도로 폭 조사는 필요 없으며 연식별로만 구분하면 된다. 즉 2차선 변에 위치한 공장과 이면도로에 위치한 공장을 굳이 나눌 필요가 없다는 뜻이다. 당연히 임대 역시 신축 시세가 가장 비싸기에 신축을 조사한 후 기준을 잡고 매매처럼 10년 이상 된 경우 10%, 20년 이상 된 경우 20% 가감하여 기준을 잡으면 된다.

현재 화성시의 중급 지역인 팔탄면의 경우 신축 임대료가 평당

```
공장·1층
월세 1,500/140
지상층/지하층:1/-층  사용승인일:2006.05.12  대지/연 면적:998㎡/198㎡

매물정보

소재지          경기도 화성시 팔탄면 창곡리
매물특징        남비봉팔탄IC인근 공장임대
대지/연면적      998㎡  198㎡
건축/전용면적    -㎡/-㎡
지상층/지하층    1/-층              용적률/건폐율    19.8/-%
입주가능일      2023년 5월 1일 협의가능    융자금          없음
방향            북동향(주된 출입구 기준)
현재용도        1종근린생활시설      추천용도        공장,창고
총주차대수      4대                용도지역        계획관리지역
건축물용도      제1종 근린생활시설    주구조          철골조
사용전력        50-100             난방(방식/연료)  -/-
사용승인일      2006.05.12         매물번호        2308611687
```

≫ 구축 공장 임대 시세

공장 1동·1층

월세 1,800/180

지상층/지하층: 1/-층 · 사용승인일:2023.03.31 · 대지/연 면적:1960㎡/196㎡

매물정보　사진

소재지	경기도 화성시 팔탄면 율암리		
매물특징	-		
대지/연면적	1960㎡/196㎡		
건축/전용면적	196㎡/196㎡		
지상층/지하층	1/-층	용적률/건폐율	10.0/10.0%
입주가능일	즉시입주 협의가능	융자금	없음
방향	남향(주된 출입구 기준)		
현재용도	-	추천용도	-
총주차대수	1대	용도지역	계획관리지역
건축물 용도	공장	주구조	철골조
사용전력	25kw이하	난방(방식/연료)	-/-
사용승인일	2023.03.31	매물번호	2307747770

>> 신축 공장 임대 시세

3만 원이고, 10년 이상 된 건물은 2.7만 원 내외, 20년 이상 된 건물
은 2.4만 원 내외로 시세가 형성되어 있다. 다만 공장은 개별성이
강해 시세가 정확하게 딱 떨어지지 않고 밴드 형태로 형성되어 나
온다. 이를 참고하여 매물을 조사해 정리한다면 어렵지 않게 시세
를 파악할 수 있을 것이다.

온라인 조사 방법

온라인 조사 방법은 먼저 네이버 부동산을 통해 현재 나와 있는

매물을 최대한 많이 파악하고, 이후 밸류맵과 디스코로 실거래된 가격을 확인하면 된다. 공장은 개별성이 강해 가격 기준이 없으면 금액을 파악하기가 쉽지 않다.

실무에선 구축 공장이 신축 시세에 매물로 나와 거래되기도 하는데, 이는 매수자 입장에서 공장 시세에 대한 기준이 없었기 때문에 비싸게 산 케이스라고 볼 수 있다. 만약 매수자가 인근 신축 시세에 대한 기준만 잡고 있었다면 비싸게 나온 구축 공장을 매입하는 실수를 범하지 않았을 것이다. 따라서 기준 금액을 잡는 게 무엇보다 중요하며, 이는 임대·매매 모두 동일하게 적용된다.

그렇다면 네이버 부동산에 접속해 매매 시세를 확인하는 방법을 살펴보겠다. 네이버 부동산에 접속하여 시세 조사를 하고자 하는 지역으로 이동한 후 ①, ②, ③번을 순서대로 클릭하자. 그럼 ④, ⑤번 화면에 매물 리스트와 지도 위에 현재 나와 있는 매물 정보가 표시될 것이다.

여기서 한 가지 참고할 중요 사항이 있다. 바로 ④번 리스트엔 공인중개사 사무소에서 네이버 매물 등록 시 주소 공개를 하지 않은 매물이 같이 표시되고, ⑤번 화면엔 주소 공개를 한 매물이 표시된다는 것이다. 조금 더 이해를 돕기 위해 업계 이야기를 잠시 해보겠다. 공인중개사 업계도 경쟁이 굉장히 치열하다. 중개업은 매물 정보가 곧 사무소 영업 기밀이고, 많은 매물 정보를 확보한 공인중개사가 당연히 계약 확률이 올라간다. 이런 이유로 어느 누구도 내

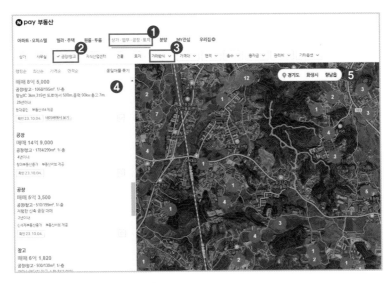

>> 네이버 부동산으로 매매 시세 확인하기

가 보유한 매물 정보(주소)를 타 공인중개사 사무소에 오픈하려 하지 않는다. 여러분이 사업을 하고 있다면 나의 영업 비밀을 경쟁사에게 공짜로 제공할 것인가? 누구나 '아니'라고 대답할 것이다.

다시 네이버 부동산으로 돌아가 보자. 화면상 ④번 리스트엔 주소 공개가 되지 않은 매물이 같이 표시되고 ⑤번 화면엔 주소 공개가 된 매물이 등록된다고 했다. 그렇다면 어디에서 더 많은 매물 정보를 파악할 수 있을까? 바로 ④번이다. ④번 리스트엔 네이버 부동산에 광고는 하고 싶지만 영업 비밀을 이유로 주소 공개를 원치 않은 매물이 등록되고, ⑤번 화면엔 네이버 부동산에 등록하고 실매물 주소도 표시하고자 하는 매물이 등록된다. 이런 이유로 ④번은 매물 정보를 많이 볼 수 있는 장점이 있지만 매물 위치를 확인할 수 없고, ⑤번은 매물의 정확한 위치는 확인할 수 있지만 많은 매물을 볼 수 없는 단점이 있다. 따라서 ④, ⑤번을 디테일하게 각각 살펴보면서 최대한 많이 확인하면 된다.

다음으로 매물 정보를 클릭하면 세부 정보가 나온다. 매매는 도로 폭과 연식에 따라 시세가 결정된다고 했다. 다음에 나오는 두 매물 모두 2차선이 아닌 이면도로에 위치한 매물로서 도로 조건과 용도지역 역시 같다. 그렇다면 연식을 살펴보아야 한다. 아래 매물은 사용 승인일이 2023년 6월로 표기되어 있어 신축으로 볼 수 있다.

공장·1층
매매 6억 1,250 [351만원/3.3㎡]
지상층/지하층 : 1/-층 사용승인일 : 2023.06.30 대지/연 면적 : 577㎡/198㎡

매물정보 사진

소재지	경기도 화성시 팔탄면 율암리		
매물특징	-		
대지/연면적	577㎡/198㎡		
건축/전용면적	198㎡/577㎡		
지상층/지하층	1/-층	용적률/건폐율	34.3/34.3%
입주가능일	2023년 6월 30일 협의 가능	융자금	없음
기보증금/월세	-/-	방향	남서향(주된 출입 기준)
현재용도	-	추천용도	-
총주차대수	1대	용도지역	-
건축물 용도	제2종 근린생활시설	주구조	철골조
사용전력	25kw이하	난방(방식/연료)	개별난방/-
사용승인일	2023.06.30	매물번호	2306624451

≫ 동일 조건, 연식으로 비교하기-1

공장·1층
매매 9억 7,000 319만원/3.3㎡
지상층/지하층:1/-층 사용승인일:2022.12.02 대지/면적:1006㎡/330㎡

매물정보   사진

소재지	경기도 화성시 팔탄면 율암리		
매물특징	팔탄 82번국도 인접, 팔탄JC 근처, 위치 굿, 2동 동시매매 가능		
대지/연면적	1006㎡/330㎡		
건축/전용면적	330㎡/-㎡		
지상층/지하층	1/-층	용적률/건폐율	32.8/32.8%
입주가능일	즉시입주	융자금	없음
기보증금/월세	-/-	방향	북향(주된 출입구 준)
현재용도	공실	추천용도	창고,공장
총주차대수	2대	용도지역	계획관리지역
건축물용도	제2종 근린생활시설	주구조	철골조
사용전력	25kw이하	난방(방식/연료)	-/-
사용승인일	2022.12.02	매물번호	2308418249

》》동일 조건, 연식으로 비교하기-2

위에 나오는 매물은 2022년 12월 준공된 공장으로 신축으로 봐도 무방하다. 화성시 팔탄면에 평균적인 신축 공장 시세는 평당 300~350만 원에 형성되어 있다. 왼쪽 매물이 평당 351만 원에 나온 것으로 보아 평균 시세인 300~350만 원 내에서 비싼 편에 속하는 것으로 보인다. 그리고 위 매물은 평당 319만 원으로 평균 시세 내에서 적정한 가격인 것 같다.

향후 투자를 위해 시세 조사를 하다 보면 알겠지만, 공장은 가격이 딱 떨어지게 평당 얼마로 조사되지 않는다. 예를 들어 평당 280~320만 원, 350~400만 원 정도 한다고 말한다. 이유는 개별성이 강해 정확히 떨어지는 가격이 없기 때문이다. 따라서 네이버에서 최대한 많은 매물을 조사한 후, 도로 폭과 연식별로 구분해서 보면 시세 흐름이 잡힐 것이다.

오른쪽 페이지에 나오는 자료는 내가 실제 시세 조사를 위해 사용하는 양식이다. 중요하게 봐야 할 부분은 빨간색으로 표시해놓았다. 네이버에서 최대한 많은 매물 정보를 수집하여 다음과 같이 엑셀로 정리하면 시세 기준이 쉽게 잡힌다. 2023년 상반기 기준 화성시 팔탄면 관내 매물 리스트인데, 2차선 변은 제외하고 이면도로에 위치한 공장만 조사하였다.

표를 자세히 보면 매매가는 연식 기준 5년 이하는 가격이 비슷하고 10년이 넘어가면 신축 대비 10% 내외 감소하는 것으로 보인다. 6번 매물은 특이하게 지어진 지 1년밖에 되지 않았으나 평당 288만 원으로 10년 넘은 공장과 시세가 비슷하다. 이는 급매물일 수도 있고, 아니면 기타 외부 요인에 의해 하자가 있어 저렴하게 나왔을 수도 있다. 그러니 현장을 꼭 방문하여 왜 싸게 나왔는지 검토한 후 이상이 없다면 가격적인 측면에서 메리트가 있는 물건이라 판단할 수 있겠다.

매물 정보 수집을 완료했다면 연식별로 공장을 묶어 5년 이내, 5~10년 이내, 10~20년 이내, 20년 이상으로 구분하여 평균 시세를 파악하면 된다. 이는 임대·매매 모두 동일하게 적용 가능하다.

순번	소재지			토지평수	건물평수	용도지역	건물연식	도로 폭	매매가	평단가
	시	읍/면/동	리							
1	화성시	팔탄면	서근리	336	93	계획관리	1년	6m 이하	1,150,000,000	3,422,619
2	화성시	팔탄면	서근리	405	129	계획관리	1년	6m 이하	1,300,000,000	3,209,877
3	화성시	팔탄면	서근리	304	100	계획관리	1년	6m 이하	970,000,000	3,190,789
4	화성시	팔탄면	창곡리	297	100	계획관리	1년	6m 이하	1,030,000,000	3,468,013
5	화성시	팔탄면	창곡리	264	60	계획관리	1년	6m 이하	940,000,000	3,560,606
6	화성시	팔탄면	가재리	232	44	계획관리	1년	6m 이하	670,000,000	2,887,931
7	화성시	팔탄면	창곡리	415	110	계획관리	2년	6m 이하	1,300,000,000	3,132,530
8	화성시	팔탄면	율암리	220	68	계획관리	2년	6m 이하	704,000,000	3,200,000
9	화성시	팔탄면	하저리	251	92	계획관리	3년	6m 이하	853,400,000	3,400,000
10	화성시	팔탄면	덕우리	500	200	계획관리	5년	6m 이하	1,600,000,000	3,200,000
11	화성시	팔탄면	창곡리	320	100	계획관리	11년	6m 이하	900,000,000	2,812,500
12	화성시	팔탄면	서근리	165	60	계획관리	12년	6m 이하	500,000,000	3,030,303
13	화성시	팔탄면	하저리	344	120	계획관리	12년	6m 이하	950,000,000	2,761,628

≫ 매매가는 용도지역이 같다면 도로 폭과 건물 연식에 따라 가감된다.

순번	소재지			건물평수	건물연식	보증금	임대료	평단가
	시	읍/면/동	리					
1	화성시	팔탄면	창곡리	60	1년	17,000,000	1,700,000	28,333
2	화성시	팔탄면	율암리	60	1년	18,000,000	1,800,000	30,000
3	화성시	팔탄면	구장리	80	2년	21,000,000	2,100,000	26,250
4	화성시	팔탄면	구장리	100	2년	28,000,000	2,800,000	28,000
5	화성시	팔탄면	고주리	150	2년	42,000,000	4,200,000	28,000
6	화성시	팔탄면	율암리	120	4년	34,000,000	3,400,000	28,333
7	화성시	팔탄면	덕우리	130	8년	32,000,000	3,200,000	24,615
8	화성시	팔탄면	덕절리	60	13년	12,000,000	1,200,000	20,000
9	화성시	팔탄면	덕우리	80	14년	23,000,000	2,300,000	28,750
10	화성시	팔탄면	넉우리	60	15년	10,000,000	1,200,000	20,000
11	화성시	팔탄면	고주리	60	15년	14,000,000	1,400,000	23,333
12	화성시	팔탄면	율암리	100	20년	25,000,000	2,500,000	25,000

≫ 임대는 건물 연식만 구분해서 보면 된다.

08 공장 임대·매매 시세 조사 쉽게 하는 방법

오프라인 조사 방법

온라인 손품 조사를 마쳤다면 이제 현장으로 나갈 시간이다. 공장이 밀집되어 있는 지역이라면 온라인 조사만으로 대부분의 시세는 파악될 것이다. 이후 조사 자료를 바탕으로 현장에서 매물을 보며 조사한 시세가 맞는지 확인하는 작업 위주로 진행하면 된다. 반대의 경우라면 나와 있는 매물이 많지 않을 것이기에 최대한 다양한 매물을 보며 온·오프라인 조사를 더욱 꼼꼼히 병행해야 한다.

결국 오프라인 조사는 현재 나와 있는 매물을 많이 보는 것이 가장 중요한 핵심 포인트이다. 그래야 물건 비교를 통해 가치 평가가 쉬워진다. 그럼 오프라인 조사 시 좋은 공인중개사 사무소 소장님을 만나 많은 매물을 보기 위해선 어떻게 해야 할까? 그리고 공장 시세 조사 시 소장님과 대화를 함에 있어 중요한 포인트는 무엇이 있을까? 다음 3가지 정도로 요약할 수 있다.

1. 준비된 손님

공인중개사 사무소 소장님을 만나 브리핑을 받고 좋은 매물을 소개받기 위해선 '준비된 손님'이라는 이미지를 어필해야 한다. '준비된 손님'이란 무엇일까? 공장 투자에 필요한 이론적인 부분을 말하는 걸까? 아니다. 물론 투자에 필요한 최소한의 지식을 갖추고 있는 것도 중요하지만, 가장 중요한 것은 '가용 자금'이다. 즉 소형 매물이라도 살 수 있을 정도의 투자금을 보유하고 있다는 것을 알려주거나 대답해줘야 한다. 그래야 소장님은 이 손님에게 좋은 매물을 소개시켜주면 바로 계약까지 이어질 수 있겠다고 생각하게 된다. 이 전제 조건이 갖춰지면 소장님의 열의를 다한 브리핑과 매물 소개가 이어진다.

내가 운영하는 중개 법인에도 투자 손님이 방문하는 경우가 있다. 이럴 땐 먼저 가용 자금에 대해 물어보는 편이다. 이때 공장 투자에 필요한 최소한의 금액을 보유하지 않은 경우 상담은 대부분 현장 안내까지 이어지지 않고 테이블에서 끝나는 경우가 많다. 따라서 이론적인 기본 지식을 갖추는 것도 중요하지만, 계약을 바로 할 수 있는 '준비된 손님'이라는 이미지를 어필하는 것이 무척이나 중요하다. 그래야 많은 매물을 볼 수 있고, 가치 평가도 할 수 있으며, 때에 따라서는 급매도 잡을 수 있다.

2. 공장 위치에 따른 질문 방식

공장 전문 공인중개사 사무소를 방문하여 시세를 물어보면 소장님들은 대부분 이면도로에 위치한 시세를 알려준다. 정확한 통계는 아니지만 체감상 2차선 변에 위치한 공장이 20~30%이고 나머지 70~80%는 이면도로에 있기 때문이다. 따라서 내가 조사하고자 하는 물건이 먼저 어느 도로 폭에 위치해 있는지에 따라서 질문 방식이 달라진다.

먼저 이면도로에 위치한 물건의 시세를 조사하러 공인중개사 사무소에 방문했다면 "요즘 공장 얼마 정도 하나요?"라고 무난하게 물어봐도 된다. 어차피 도로 폭을 특정하지 않고 질문하면 이면도로에 위치한 시세를 알려줄 것이기 때문이다. 그러나 2차선 변에 위치한 공장 시세를 알아보기 위해선 앞에 2차선 변을 붙여 "소장님 2차선 변 공장은 얼마 정도 하나요?"라고 물어봐야 한다.

앞서 설명했듯이 교외지역의 토지는 접해 있는 도로 폭에 따라 땅값이 차이가 나기에 공장 시세가 다를 수밖에 없다. 이런 이유로 도로 폭을 특정하지 않으면 잘못된 시세 조사를 하게 된다. 이는 토지 투자에도 적용된다.

조금 더 쉽게 비교해보자. 똑같은 자재, 똑같은 연식의 85㎡(32평)의 아파트가 서울과 지방에 있다면 어느 아파트가 더 비쌀까? 당연히 서울일 것이다. 이유는 건물의 스펙은 동일하지만 결국 토지 가격이 다르기 때문이다. 공장도 토지 값에 영향을 주는 요인에 따라 시세가 달라지는데, 이 점을 기억한다면 오프라인 시세 조사가 한결 수월해질 것이다.

3. 소장님들의 주관

토지와 공장은 개별성이 강해 물건 가격에 공인중개사 사무소 소장님들의 주관이 많이 개입된다. 무슨 말인가 하면, 같은 물건을 두고도 시세를 평가하는 개인의 기준과 감이 달라 가격을 다르게 보는 것이다. 이는 특히 정형화되어 있는 아파트보다 개별성이 강한 토지, 공장, 상가 등에서 자주 경험할 수 있다. 같은 물건을 두고도 A는 평당(3.3㎡) 280만 원, B는 320만 원, C는 350만 원을 이야기하는 식이다.

그렇다면 왜 이런 일이 발생할까? 바로 '소장님들의 주관' 때문이다. 소장님들은 물건 시세를 파악할 때 '최근 실거래가+시장 상황+개인 경험치'로 판단한다. 여기서 실거래가는 객관적인 데이터이기에 다를 여지가 없으나 시장 상황 및 개인 경험치는 굉장히 주관적이다. 만약 어떤 매물이 평당(3.3㎡) 400만 원에 최고가로 거래되었다고 하자. 그럼 영업력이 우수하고 시장 상황을 좋게 보는 소장님의 경우 그 이상의 시세를 긍정적으로 보면서 매도, 매수인에게 브리핑할 것이다. 반대의 경우 일시적인 특이한 거래로 치부하며 최고 가격을 부정적으로 볼 것이다.

따라서 개별성이 강한 종목의 시세를 조사할 땐 소장님마다 가격 차이가 날 수 있음을 이해해야 한다. 결국 소장님들의 주관에 휘둘리지 않기 위해선 내가 기준을 잡는 게 무엇보다 중요하며, 그 기준은 많은 매물을 볼수록 강한 확신과 함께 찾아온다.

토지 시세로 공장 가치 평가하는 방법

공장 시세가 적정한지 파악하기 위해선 많은 매물을 보고 비교하는 방법도 있지만, 토지 가격에 건축 비용을 더해 판단하는 방법도 있다. 투자를 고려하는 지역에 공장 건축이 가능한 토지 시세가 평당(3.3㎡) 200만 원에 나왔다 치면, 여기에 150만 원을 더해 신축 공장 시세와 비교해보는 것이다.

이 방법의 원리는 다음과 같다. 공장 건축 시 소요되는 모든 비용을 합산한 뒤 이를 건물이 아닌 토지 면적 기준으로 나누면 평균 건축 비용이 약 150만 원 정도가 된다. 이때 150만 원(건축 원가)을 토지 가격에 합산해 매물이 가격 측면에서 비싼지 싼지를 판단하는 것이다.

예를 들어 인근 토지 시세가 평당(3.3㎡) 200만 원에 형성되어 있다고 가정해보자. 그럼 내가 토지를 매입하여 공장을 신축할 경우 건축 원가인 150만 원을 더하면 인근 공장 시세는 약 350만 원 내외가 적정하다고 할 수 있다. 그런데 만약 공인중개사 사무소 소장님에게 400만 원에 나온 공장 매물을 소개받았다고 해보자. 일반적으로 '토지+건축 원가'인 350만 원을 넘어가기에 비싼 가격이 아닌지 의심해볼 수 있다. 반대로 310만 원에 매물을 소개받았다면 '토지+건축 원가'인 350만 원보다 낮으니 해당 매물은 시세보다 저렴하다고 생각해볼 수 있을 것이다.

토지 시세와 공장 건축비는 시장 평균이 정해져 있다. 토지 위치에 따라 공장 건축비가 달라지지 않는다. 그렇기에 이를 과하게 벗어나 있는지 아닌지를 건축 원가 계산을 통해 빠르게 파악하여 가치를 평가하는 방법이라 할 수 있겠다. 다만 이 방법을 적용하기 위해선 다음 3가지 원칙을 기억해야 한다.

첫째, 공장이 대부분 밀집해 있는 계획관리지역으로 한정해야 한다. 자연녹지, 생산녹지지역 등은 최대 건폐율이 20%이고 계획관리지역은 40%이다. 투입되는 건축 비용이 다르기에 계획관리지역으로 한정해야 한다.

둘째, 토지 시세를 별도로 조사해야 한다. 토지 시세는 공장을 지을 수 있는 공장 부지와, 공장도 지을 수 있지만 상권이 형성되어 있어 상가까지 지을 수 있는 토지가 있다. 이 경우 시세가 다르며 보통은 후자가 더 비싸게 거래된다. 따라서 상가까지 지을 수 있는 토지 시세를 조사한 뒤 앞선 공식을 적용하면 맞지 않기 때문에 주로 이면도로에 위치한 공장 용지로 한정해야 한다.

셋째, 건축비가 오를 때마다 더하는 금액이 바뀐다. 러시아와 우크라이나 전쟁 이전에 건축비가 안정되었을 땐 토지 값에 평당 (3.3㎡) 100만 원을 더하면 적정 금액이 산출되었다. 그러나 지금은 건축비가 많이 올라 150만 원을 더해야 한다(2023년 12월 기준). 이처럼 건축비가 오름에 따라 시기별로 적정 금액을 조정할 수 있어야 한다.

지금까지 토지 시세를 통해 공장 시세를 파악하는 방법에 대해 살펴보았다. 혹여 조금 어렵거나 헷갈릴 경우 이 방법은 굳이 사용하지 않아도 된다. 나와 있는 공장 매물을 많이 보고 비교하는 것으로도 충분히 시세 조사 및 가치 평가가 가능하기 때문이다. 따라서 토지 및 공장 시세 조사가 익숙한 분들은 위 방법을 사용해도 좋으나, 그렇지 않다면 실력이 좀 더 쌓였을 때 사용해도 된다. 지금은 조금 부족해도 좋으니 매물 비교를 통해 현장 분위기를 익히고 가치 평가 연습을 많이 해보도록 하자. 그렇게만 해도 충분히 돈 되는 물건을 골라낼 수 있을 것이다.

경·공매, 일반 매매 둘 다 봐야 하는 이유는?

좋은 매물을 잡기 위해선 경·공매, 일반 매매 둘 다 봐야 한다. 가끔 투자자들 중 일반 매매는 싸게 살 수 없어 경매만 고집하는 사람들이 있다. 반면 경매는 좋은 물건이 없고 낙찰받기 어렵다며 일반 매매만 보는 사람들도 있다. 이 경우 둘 다 전쟁터에 무기를 2개 가지고 나가 싸울 수 있는데 1개의 무기만 갖고 나가 싸우는 꼴이다.

내가 지난 10년간 투자자로서, 중개 법인 대표로서 시장에서 살아남아 보니 일반 매매가 유리한 시기가 있고 경·공매가 유리한 시기가 있었다. 이런 이유로 우리는 경·공매와 일반 매매 2가지를 모두 활용해야 한다. 그렇다면 구체적으로 어떻게 시기별로 매입 방식을 달리해야 하는지 설명해보겠다.

먼저 상승장의 경우다. 상승장이 오면 부동산 가격은 단기간에 가파르게 오른다. 더불어 경매장은 발 디딜 틈 없이 복잡해진다. 좋은 물건에 수십 명의 입찰은 기본이며 시세를 넘어 낙찰되기 일쑤다. 이 시기는 경매보다는 일반 매매로 매입했을 때 수익을 내기가 한결 수월해진다. 경매는 입찰 경쟁률이 치열하다 보니 낙찰 확률이 상대적으로 떨어지는 시기다. 그럼에도 불구하고 계속해서 입찰한다면 패찰하게 되고 어느덧 상승장을 지나가게 된다. 결국 투자 성과는 나오지 않는다.

이때 일반 매매시장에 문을 두드린다면 상황이 달라진다. 시세 내지는 시세보다 약간 더 주고 사더라도 단기간에 가파르게 오르기에 수익을 낼 확률이 높아진다. 싸게 사는 것에 집중해서 경매만 공략하기에는 시장의 속도가 너무나 빠르다. 그렇기에 상승장이라고 생각

된다면 경매보다는 일반 매매에 집중해서 일단 매입하고 보는 편이 낫다.

실제로 나는 2020~21년 초 토지, 공장 시장이 움직인다고 판단했고, 내가 가르친 제자들에게 경매보다는 일반 매입을 할 것을 강하게 권했다. 이때 경매 시장이 불타오르기 시작하면서 낙찰받기가 현저히 어려워졌기 때문이다. 다행히 그 당시 공장을 매입한 사람들은 모두 수익을 내고 있다.

다음으로 하락장이다. 하락장이 오면 부동산 가격은 보합이었다가 하락하기 시작한다. 이때는 발 디딜 틈 없던 경매장이 한산해진다. 사람이 많지 않기에 입찰서를 작성하기도 편하다. 그리고 경매 법정에 앉을 자리도 많다. 분위기 파악을 위해 공인중개사 사무소에 방문해보면 소장님 대부분이 친절하다. 이 시기에는 당연히 일반 매매보다 경매가 유리하다. 경매를 적극적으로 활용해야 하는 시기이다. 혹여 일반 매매시장에서 투자 물건을 찾았다고 해도 경매보다 싸게 사기 어렵다. 매도자 입장에선 하락장이 와도 정해진 시세가 있기 때문에 그 시세에서 약간의 금액만 빼주려고 하기 때문이다.

그러나 경매는 참여자가 적어 일반 매매로 살 수 없는 가격에 낙찰이 가능하다. 더불어 불황으로 인해 물건이 많아 선택의 폭도 넓어진다. 하락장이 왔을 때 내가 경매의 기술을 갖고 있다면, 이기고 시작하는 게임과 같다. 그만큼 수익을 낼 수 있는 물건을 낙찰받기가 쉬워진다는 뜻이다. 대신 하락장에선 약간의 용기가 필요하다. 혹시 더 떨어질지 모른다는 두려움을 극복해야 하기 때문이다. 그러나 화폐가치 하락으로 인해 부동산은 장기적으로 우상향할 수밖에 없다는 믿음이 있다면, 충분히 매입할 용기가 생길 것이다.

결국 시기적으로 하락장이 오면 단기간에 가격이 반등하기 어렵기 때문에 조급함 없이 경매 물건을 검색하고 입찰하면 된다. 물론 공인중개사 사무소에 방문해 소장님들에게 급매가 나오면 매입하겠다는 의사를 전달해놓으면 더욱 좋다.

정리하면 상승장에선 경매보단 일반 매매 위주로, 하락장에선 경매 위주로 보되 일반 매매시장에서 급급매가 나오면 과감히 매입하는 것으로 전략을 세우면 좋겠다.

09

임장
체크리스트
활용법

쉽게 배우는 5가지 분석 툴

공장 투자 체크리스트만 잘 활용해도 투자하지 말아야 할 물건 대부분을 걸러낼 수 있다. 체크리스트는 기본 조사, 입지 조사, 주변 조사, 물건 조사, 시세 조사 총 5가지로 구성되어 있다. 그럼 지금부터 어떤 포인트로 현장에서 체크리스트를 살펴봐야 하는지 순서대로 하나씩 짚어보겠다.

1. 기본 조사

구 분		체크사항	확인사항	참고사항
1. 기본 조사	1-1	자연녹지, 계획관리지역 중 어느 것에 해당하는가?		
	1-2	공장 진입도로 폭은 몇 m인가?		
	1-3	공장 건물 준공연도는?		
	1-4	공장 층고는 처마 기준 몇 m인가?		

먼저 기본 조사를 통해서 용도지역, 연식 등 공장 투자와 관련된 객관적인 스펙을 파악하면 된다. 여기서 가장 중요한 것은 무엇일까? 당연히 용도지역(1-1)이다. 만약 용도지역이 자연녹지 또는 계획관리지역 이외인 경우 업종 제한이 생긴다. 이는 곧 수요와 연결되어 향후 나의 환금성 및 투자 수익률을 결정하기에 아주 중요하다.

용도지역이 체크됐다면 진입도로 폭(1-2), 준공연도(1-3), 층고(1-4)까지 체크하면 된다. 뒤에서 자세히 다룰 예정이니 기본 분석에선 이 정도만 체크하고 넘어가도록 하자.

2. 입지 조사

구 분		체크사항	확인사항	참고사항
2. 입지 조사	2-1	주변에 호재는 있는가?		
	2-2	인근 지가는 꾸준히 오르고 있는가?		토지 공시지가 연도별 추이 체크 (한국부동산원)
	2-3	공장이 많이 밀집되어 있는가?		
	2-4	식당(함바집), 공구상가 등을 쉽게 찾아볼 수 있는가?		
	2-5	가까운 IC까지의 거리는?		

다음으로 입지 조사는 투자하고자 하는 지역에 호재(2-1)가 있는지 또는 인구가 지속적으로 유입되면서 지가(2-2)가 계속 오르고 있는지 체크해야 한다. 공장 투자는 토지 투자라고 했다. 지가 상승에 기대어 하는 투자이기 때문에 토지 가격이 오르지 않으면 매매 차익을 기대하기 어렵다. 물론 임대 수익을 얻을 수 있을지 모르나, 이보다 더 큰 매매 차익을 포기해야 하는 것이다. 따라서 주변 호재 및 지가 조사를 충분히 한 뒤 투자 지역을 선정하도록 하자.

참고로 지가가 매년 오르고 있는지 손쉽게 조사하는 방법은 한국부동산원 홈페이지(reb.or.kr)에 접속하여 '부동산 통계→전국 지가변동률'을 확인하면 된다. 전국 지가변동률은 전국의 시군구별 단위로 지가변동지수를 확인할 수 있어 유용하다.

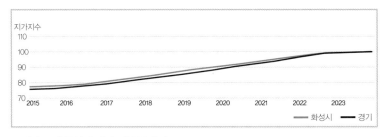

>> 경기도 및 화성시 지가 변동률 추이

　지가지수를 확인했다면 공장이 밀집(2-3)되어 있는지 확인해야 한다. 공장 밀집도는 수요와 연관되어 있다고 배웠다. 인프라 시설 (2-4)은 보통 공장 밀집지역에 형성되어 있고, 이는 곧 또 다른 수요를 불러들인다. 이때 추가 수요로 인해 공장 밀집지역이 확장되면 인프라 시설이 확충되면서 '수요 증가→인프라 확충→수요 증가' 형태로 선순환의 고리를 형성한다. 따라서 밀집지역이 확인됐다면 인프라 시설(2-4)은 특별히 체크하지 않아도 쉽게 확인할 수 있을 것이다.

　다음으로 물건지로부터 IC까지의 거리(2-5)가 가깝다면 제조업에 창고 수요까지 받을 수 있어 임대·매매 시 수요자의 폭을 더 넓힐 수 있다. 카카오맵의 '길 찾기' 기능을 통해 투자하고자 하는 물건지로부터 가장 근거리에 위치한 IC가 차량으로 몇 분 걸리는지, 접근성 및 도로 폭의 넓이는 괜찮은지 등을 체크해보도록 하자.

3. 주변 조사

구 분		체크사항	확인사항	참고사항
3. 주변 조사	3-1	주변에 고압선이 있는가?		
	3-2	주변에 분묘가 있는가?		
	3-3	주변에 민가가 있는가?		
	3-4	주변에 축사가 있는가?		
	3-5	주변에 철도가 지나가는가?		
	3-6	물건은 평지에 위치해 있는가?		
	3-7	물건지 주변 임대·매매 현수막 이 많이 보이는가?		

공장 수요가 충분한 지역에 투자하더라도 주변 조사가 제대로 되지 않으면 낭패를 볼 수 있다. 우리는 흔히 공장 자체를 기피 시설이라고 생각하지만, 공장 입장에서 봤을 때도 기피 시설은 존재한다. 즉 공장을 운영할 때 근거리에 위치해 있으면 수요자들이 선호하지 않는 시설물이다. 크게 고압선(3-1), 분묘(3-2), 민가(3-3), 축사(3-4), 철도(3-5)로 정리할 수 있다.

고압선의 경우 미관상 좋지 않으며 고압 전자파로 인해 건강상의 문제를 야기하기도 한다. 분묘 역시 미관상의 이유가 크며 미신을 믿는 사람들은 분묘가 가까이 있으면 선호하지 않는다. 민가는 공장 운영에 따른 소음, 분진으로 인해 민원 발생 확률이 높아져 공장 운영이 어려워 업종 수요가 좁아진다. 축사는 근거리에 위치해 있으면 가축의 분뇨 냄새로 인해 두통과 불쾌감을 유발한다. 겪어본 사람은 알 것이다. 마지막으로 철도의 경우 전철, 기차 등이 이동할 때 주변에 진동을 일으킨다. 이때 미세한 공정을 하는 제조업의 경우 진동으로 인해 불량품이 발생하여 입주할 수 없다. 즉 수요가 좁아진다.

》좌: 고압 철탑 인근, 우: 고속 철도 인근

물건이 평지에 위치(3-6)해 있는지 여부도 체크해야 한다. 공장은 임야를 깎아 개발한 곳이 많은데 경사가 높은 경우 선호도가 떨어진다. 특히 겨울철에 눈이 많이 오면 바닥이 미끄러워 화물 차량 진출입이 어렵다. 더불어 심리적으로 평지에 위치한 물건이 사람에게 마음의 안정감을 가져다주기도 한다.

》좌: 경사지에 위치한 공장, 우: 평지에 위치한 공장

　공장 투자를 위해 현장에 방문 시 주변에 임대·매매 현수막 (3-7)이 많이 붙어 있는지도 봐야 한다. 이는 곧 지역의 분위기를 파악할 수 있는 중요한 척도 중 하나이기 때문이다. 공장은 임대·매매가 되지 않을 경우 공인중개사 사무소에서 현수막 거치를 많이 한다. 그렇기에 현수막이 많이 붙어 있으면 공실이 많다는 뜻이니 주의해야 한다. 현장 임장만 잘해도 시장 분위기를 파악할 수 있는 이유가 여기에 있다.

》임장 시 현수막이 보이면 전화 문의를 통해 가격을 모두 확인하자.

4. 물건 조사

구 분		체크사항	확인사항	참고사항
4. 물건 조사	4-1	공장의 층수는?		
	4-2	건물의 용도는?		
	4-3	건축물대장과 현황을 비교해봤는가?		불법 건축물 여부 체크
	4-4	진입도로가 사유지인 경우 도로 지분이 포함되어 있는가?		
	4-5	물건 내 폐기물이 있는가?		경매 시 확인
	4-6	기계, 기구는 매각 목록에 포함되어 있는가?		경매 시 확인

4번 물건 조사에선 물건과 관련한 전반적인 사항을 체크한다. 가장 먼저 공장의 층수(4-1)는 단층 공장 위주로 투자해야 한다고 했다. 복층으로 이루어져 있으면 층고가 낮아져 수요가 좁아진다. 이는 향후 임대·매매 시 공실 기간이 길어지는 요인으로 작용한다. 건물의 용도(4-2)는 1종 근생 소매점, 2종 근생 제조업소, 공장(창고)으로 한정하도록 하자. 만약 일반 매매 시 언급한 3가지 이외 용도인 경우 매도인이 잔금 전 용도 변경이 가능한 경우에만 조건부로 진행하기로 하자.

다음으로 건축물대장과 현황 비교(4-3)를 통해 불법 건축물을 걸러낼 수 있다. 공장은 허가받지 않고 층을 올리는 경우가 많은데, 이 경우 건축물대장을 통해 불법 여부를 간단히 확인할 수 있다. 만약 현장 임장을 가서 건물 내부를 봤을 때 복층(①)으로 구성되어 있었는데, 건축물대장상 2층 표시(②)가 안 되어 있다면 이는 불법이다. 반대로 건축물대장상 2층 표기가 되어 있으면 이는 적법하게 허가받은 건물로 이해하면 된다. 이처럼 실물과 대장을 간단히 비교만 해봐도 불법 여부를 확인할 수 있다.

≫ 실제 2층 불법 증축 공장의 내부

건축물 현황				
구분	층별	구조	용도	면적(㎡)
주1	1	철골조	제2종근린생활시설(제조장)	324
이 등(초)본은 건축물대장의 원본 내용과 틀림없음을 증명합니다.				

≫ 건축물대장의 건축물 현황 부분에 2층 표시가 안 되어 있다.

공장 투자 시 진입도로가 사유지인 경우, 도로 지분 포함 여부 (4-4)를 확인해야 한다. 도로 지분은 아파트와 비교하면 쉽게 이해할 수 있다. 아파트는 내가 직접 사용하는 전용 면적과 입주민이 함께 쓰는 공용 면적이 있다. 이 개념을 공장에 적용하면 건물이 앉아 있는 본부지는 전용 면적, 진입도로에 소유하고 있는 도로 지분은 함께 쓰는 공용 면적으로 이해하면 된다.

　　실제 도로는 옆 공장과 함께 사용한다. 그러나 한 가지 아파트와 다른 점은 아파트는 매매 계약 시 공용 면적을 매매 계약서에 별도로 포함하지 않지만, 공장은 도로 지분 면적을 평단가로 계산하여 포함시켜 매매한다는 것이다. 따라서 진입도로가 사유지인 경우 도로 지분 매입 가능 유무를 확인해야 한다. 일반 매매의 경우라면 공인중개사 사무소 소장님이 대부분 체크해줄 것이고, 경매라면 매각 목록에 다음 페이지 사진과 같이 도로에 관해서는 별도로 지분 표시가 될 것이다.

　　초보자들의 경우 지분으로 표시되어 있어 지분 물건이라 생각하고 넘어가는 경우가 있는데, 이는 공용 면적 부분으로 정상 물건이니 안심하고 투자해도 좋다.

매각 물건 현황		감정원 ▓▓▓▓▓▓	가격시점 2021.08.20
목록			지번/토지이용계획/용도/구조/면적
토지	1		내리 공장용지 694m² (209.94평) [토지이용계획] 보전관리지역 | 계획관리지역 | 가축사육제한구역 | 성장관리권역
	3		내리 도로(지분) 144m² (2.42평) (8/144 지분) [토지이용계획] 생산관리지역 | 계획관리지역 | 가축사육제한구역 | 성장관리권역
	4		내리 도로(지분) 113m² (4.02평) (13.3/113 지분) [토지이용계획] 생산관리지역 | 계획관리지역 | 가축사육제한구역 | 성장관리권역
건물	2		내리 종 1층 제조업소 198m²(59.9평)

≫ 토지 목록 1번이 지분이면 투자가 불가하나, 도로(3, 4번)가 지분이면 정상 물건이다.

물건 내 폐기물(4-5) 적치 및 기계, 기구 매각 목록(4-6) 포함 여부는 경매 시 체크해야 할 리스트이다. 혹여 일반 매매로 매입하게 된다면 2가지 사항은 패스해도 좋다. 폐기물이 쌓여 있는 공장은 일반 매매로 나오지 않고, 기계, 기구는 매매 시 매도인이 모두 가져가기 때문이다. 폐기물 공장은 가끔씩 경매로 나온다.

가끔 뉴스를 보면 시골 창고에 폐기물을 잔뜩 버리고 야반도주했다는 내용이 나올 때가 있다. 그러나 이와 관련해 너무 걱정할 필요는 없다. 그런 뉴스가 나올 정도의 공장은 극소수이다. 혹여 그런 경우가 있더라도 투자하지 않으면 그만이다.

만약 폐기물이 쌓여 있는 공장을 낙찰받은 경우 낙찰가 이상으

》공장 내·외부에 방치된 폐기물

로 처리 비용이 나올 수 있기에 투자하지 않는 게 좋다. 폐기물이 없는 일반적인 물건만 투자해도 충분히 수익을 올릴 수 있기 때문에 굳이 어렵게 풀어나갈 필요가 없다.

기계, 기구 매각 목록 포함(4-6) 여부는 공장 내에 실물로 존재하는 기계, 기구가 감정가에 포함되어 있는지 여부를 확인하는 것이다. 만약 포함되어 있는 경우 낙찰자가 소유권을 취득할 수 있고, 소유권을 취득했다면 중고 기계업자나 고물업체에 고철로 매각할 수 있다. 기계, 기구 포함 여부는 경매 정보지를 확인하면 된다. 경매 물건은 보통 토지와 건물의 평단가를 합산하여 감정평가액을 환산하는데, 기계, 기구 포함인 경우 기계, 기구 금액이 별도로 표시되어 최종적으로 '토지(①)+건물(②)+기계, 기구(③)' 금액으로 감정평가액이 나온다.

건물	2	제시외 : 계단실 16.5m²(4.99평), 까데기 136.4m²(41.26평), 작업장 112.1m²(33.91평), 까데기 51.7m²(15.64평), 기계실 29m²(8.77평), 창고 18.9m²(5.72평), 방 33.3m²(10.07평)	26,954,100 67,741(원/m²)
		제시외 : 제시외 기계기구	86,519,700
		공장	246,645,480

》 기계, 기구 포함인 경우 금액이 별도로 표시된다.

5. 시세 조사

구 분		체크사항	확인 사항	참고사항
5. 시세 조사	5-1	신축 평당 매매가는 얼마인가?		이면도로 신축 공장 기준
	5-2	10년 이상 구축 평당 매매가는 얼마인가?		이면도로 신축 공장 기준
	5-3	신축 평당 임대료는 얼마인가?		
	5-4	10년 이상 구축 평당 임대료는 얼마인가?		
	5-5	공인중개사 사무소 3곳 이상 방문하여 시세 조사를 하였는가?		
	5-6	공인중개사 사무소에서 얘기하는 매각 가능 기간은?		
	5-7	확신하는 최종 평당 매매가는 얼마인가?(중요)		

마지막으로 시세 조사 항목이다. 가장 먼저 신축 공장 매매가 (5-1) 또는 분양가를 조사해야 한다. 앞서 배웠지만 공장은 개별성

이 강해 다양한 물건을 보며 기준을 잡는 게 중요하다. 이때 기준은 신축이 가장 무난하다. 기준을 잡고 하는 임장과 그렇지 않은 것에는 큰 차이가 있다.

만약 공인중개사 사무소 소장님이 구축 공장을 보여주며 평당(3.3㎡) 340만 원이라고 저렴하다고 브리핑을 해줬다면 어떨까? 신축 공장 시세에 대한 기준이 없다면 가치 판단이 되지 않을 것이다. 그런데 만약 인근 신축 시세가 평당(3.3㎡) 350만 원 선에서 형성되어 있다는 걸 알았다면, 브리핑을 듣고 340만 원이 비싼 물건임을 단번에 알아차릴 수 있을 것이다. 이처럼 기준이 중요하다. 10년 이상 구축 매매가(5-2)는 신축 기준을 잘 잡았다면 큰 틀에서 확인 정도만 해도 무방하다.

다음은 임대료이다. 임대료는 건물 연식에 영향을 받는다고 배웠다. 따라서 신축 임대료(5-3)와 구축 임대료(5-4)를 조사하면 된다. 공인중개사 사무소에 방문하여 질문 시 앞에 연식을 붙이지 않고 임대료를 물어보면 대부분 신축 기준으로 알려준다. 이 부분을 참고해서 조사하면 된다.

공장은 개별성이 짙기에 소장님마다 물건을 평가하는 기준이 달라 최소 3곳 이상의 공인중개사 사무소(5-5)를 방문해야 한다. 그리고 방문 시 얘기하는 평균적인 매각 가능(5-6) 기간도 물어봐야 한다. 이는 단기 투자로 진입 시 상당히 중요한 부분이다.

마지막으로 최종 매매가(5-7)를 적어보자. 공장은 내가 기준을 잡는 게 중요하다고 했는데, 마지막에 내가 기준을 잡고 확신하는 평단가를 적으면 된다. 이로서 공장 투자 체크리스트가 끝이 났다. 설명은 길게 했지만 막상 프린트해서 현장에 나가 보면 크게 어려운 부분은 없을 것이다.

10 산업단지 공장 투자법

산업단지 공장 투자법

산업단지란?

산업단지는 법률상 개념으로 '산업입지 및 개발에 관한 법률'에 의거해 조성된 공장단지이다. 보통 국가, 지자체, 민간에서 수만 평 이상의 부지를 매입하여 단지를 조성한 뒤 기업에게 분양한 곳을 말한다. 산업단지의 종류로는 국가산업단지, 일반산업단지, 도시첨단산업단지, 농공단지 등이 있다.

국가산업단지 중 우리가 실생활에서 많이 접할 수 있는 곳은 서울, 경기 지역은 구로디지털단지, 가산디지털단지, 반월산업단지 등이 있으며 지방으로 가보면 광주첨단과학단지, 명지녹산산업단지, 아산산업단지 등이 있다. 건국 이래 가장 큰 사업비가 투자되는 용인 삼성 시스템반도체 클러스터단지 역시 국가산업단지에 속한다.

산업단지는 주로 교외지역에 위치해 있다. 그 이유는 산업단지 조성 시 도심지 내에 위치한 토지를 수용할 경우 조성 원가가 높아지기 때문이다. 이는 곧 분양가에도 영향을 미쳐 분양 성패를 가늠하기도 한다.

산업단지는 전국적으로 고르게 퍼져 있다. 시도별 순위를 살펴보면 경남, 경기, 충남 순으로 많다. 다만 수도권은 지역 균형 발전 및 인구집중 유발시설 규제로 인하여 추가적인 산업단지 조성이 매우 어려운 실정이다.

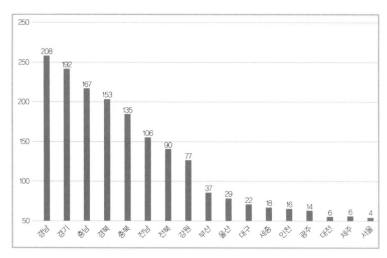

≫ 2023년 2분기 전국 산업단지 시도별 현황(출처: 한국산업단지공단)

산업단지 vs 개별입지

산업단지와 개별입지는 쉽게 말해 신도시와 구도시 개념으로
이해할 수 있다. 신도시는 계획적인 개발로 인해 필지가 네모반듯
하며 도로망 역시 체계적이다. 반면에 구도시는 자연 발생적으로
생겨난 곳들이 대부분이기에 필지 모양 및 도로망 등이 비체계적
이다. 실제 임장을 가보면 산업단지는 시원하게 뻗은 도로망을 가
로질러 공장이 들어선 반면, 개별입지는 꼬불꼬불한 도로를 따라
무질서하게 들어선 모습을 볼 수 있다.

>> 좌: 개별입지, 우: 산업단지

그렇다면 우리는 어느 입지에 있는 공장에 투자해야 할까? 투
자자 관점에서 산업단지와 개별입지 공장의 차이점은 무엇인지,
어느 곳에 투자해야 하는지 크게 3가지 정도로 비교해서 살펴보도
록 하자.

첫째, 투자 규모. 산업단지는 중대형 업체들이, 개별입지는 중

소형 업체들이 주로 입주한다. 산업단지는 최초 조성하여 분양 시 중대형 업체에 맞게 설계되기에 기본적으로 필지 면적이 크다. 면적이 크다는 것은 그만큼 매매가가 높다는 의미이기도 하다. 산업단지 내 매물의 금액대를 살펴보면 평균적으로 약 50억 원부터 시작하며 대형 공장은 몇천억 원 수준으로 시세가 형성되어 있다. 우리가 이름만 들으면 알만한 기업들이 주로 산업단지에 입주한다. 그렇기에 개인의 규모에서 투자하는 것은 불가능하다. 더불어 환금성도 낮아서 초보자가 진입하기엔 무리가 있다.

반면에 개별입지 공장은 중소형 업체들이 주로 입주한다. 필지 면적 기준으로 봤을 때 평균적으로 면적이 작다. 매매 금액대는 수도권 기준 4억 원, 지방 기준 2억 원대부터 시세가 형성되어 있다. 대부분 중소업체가 입주하기에 넓게 퍼져 있으며 구역별로 오밀조밀 모여 있다. 개별입지 내 공장은 대출을 받아 매입하면 지방은 5천만 원, 수도권은 1억 원 내외의 실투자금이 있으면 투자가 가능하다. 더불어 수요가 굉장히 탄탄하여 환금성이 좋고 임대 시장도 활성화되어 있다.

둘째, 규제. 산업단지는 산업단지관리공단의 관리하에 입주, 임대, 매매 등의 절차를 진행해야 한다. 더불어 임대 사업을 하고자 할 경우 건물 면적의 일정 부분만 임대가 가능하도록 산업단지별로 모두 규정해놓았다. 기본적으로 임대 사업은 불가피한 경우만 하고 실제 제조업을 하는 사람만 입주하라는 이유에서다. 또한 산업단지는 일반 개인이 매입할 경우 정해진 기간 내에 제조업을 하겠다는 절차(입주 계약)를 진행해야 한다. 만약 기간 내에 이 절차를 진행하지 못한 경우 공장을 매각해야 한다. 이렇듯 산업단지는 관리공단의 엄격한 규제를 적용받아 투자 시 개별입지 대비 체크해야 할 부분이 많다. 투자가 까다로운 만큼 진입 장벽이 높아 고수들의 영역이라고 보면 된다.

다음으로 개별입지다. 개별입지는 산업단지관리공단 등 관리 당국의 별도의 규제를 받지 않는다. 따라서 입주, 임대, 매매 등 사유 재산권을 행사함에 있어 자유로운 선택이 가능하다. 임대 사업을 할 경우 건물 전체 면적을 임대 놓는 것도 가능하며 매도 시 관리 당국에 신고하는 절차도 없다. 따라서 산업단지와 개별입지의 두 번째 차이점은 사유 재산권을 행사함에 있어 관리 당국의 감독을 받아야 하는지 유무로 볼 수 있겠다.

셋째, 건폐율, 용적률*. 산업단지와 개별입지의 마지막 차이점은 건폐율과 용적률이다. 이는 용도지역 차이에서 온다. 산업단지는 일반공업지역에, 개별입지는 계획관리지역에 주로 위치하고 있다.

산업단지는 일반공업지역에 위치하고 있어 대부분 건폐율은

---

* 토지 면적에 대한 건축물의 연면적 비율을 이야기한다. 이때 연면적은 각 층의 바닥 면적을 모두 합한 값을 의미한다.

80%, 용적률은 350%를 적용받는다. 산업단지별로 약간씩 상이하긴 하나 개별입지 대비 넓게 그리고 높게 건물을 지을 수 있다. 이는 토지를 활용하는 측면에 있어 효율성을 높일 수 있다. 더불어 일부 임대를 놓더라도 공장 건축 면적이 늘어남에 따라 수익률도 올라간다. 또한 산업단지는 세제 혜택을 준다. 산업단지를 최초 분양받게 되면 취득세, 재산세, 법인세 등 세제 감면 혜택을 받는다(제조업을 하지 않는 개인은 분양 불가).

반면 개별입지의 대표격인 계획관리지역의 건폐율은 40%, 용적률은 100%이다. 산업단지 대비 건축할 수 있는 공장의 바닥 면적 및 높이가 상대적으로 제한적이다. 이는 임대 수익률 하락으로 이어진다. 공장은 건물 기준으로 임대료가 산정되기 때문이다. 더불어 별도의 세제 혜택도 받지 못한다.

정리해보면 산업단지는 규모가 크고 감독 기관의 규제를 받지만 다양한 혜택을 받을 수 있다. 반면 개별입지는 규모가 작고 별도의 규제를 받지 않는 대신 특별한 혜택이 없다. 따라서 제조업을 하지 않는 개인이라면 임대·매매가 활성화되어 있고 특별한 규제가 없는 개별입지 내 공장에 투자하는 것이 현실적으로 맞다. 그러나 내가 실제 제조업을 운영하고 있으며, 투자 자금 규모가 일정 수준 이상이라면 산업단지 투자도 고려할 만하다.

산업단지와 개별입지 구분법

산업단지와 개별입지 구분법은 간단하다. 먼저 육안으로 쉽게 확인이 가능하다. 위성 지도를 통해 보면 불규칙적, 비계획적으로 도로가 개설되어 있고 그 도로 주변으로 공장이 산만하게 산재해 있으면 개별입지라고 볼 수 있다. 반대로 도로망이 반듯하며 규칙적으로 건물이 들어선 곳은 산업단지라고 보면 된다. 아래 사진에서 보듯 좌측 개별입지는 도로가 구불구불한 반면, 우측 사진은 계획적인 도로망을 갖추고 있는 것을 볼 수 있다. 실제 좌측은 계획관리지역으로 이루어진 개별입지, 우측은 일반공업지역인 산업단지이다.

》 좌: 개별입지, 우: 산업단지

다음으로 토지이음을 통해 산업단지와 개별입지를 구분하는 방법이다. 육안으로 보는 것보다 정확하며 이 역시 간단하다. 먼저 내가 투자하고자 하는 공장의 주소를 확인한 뒤 토지이음에 입력하면 된다. 이후 나온 정보에서 '공업지역+산업단지'라는 문구가 있으면 산업단지이고, '계획관리지역'으로 표시되어 있으면 개별입지라고 보면 된다.

아래 사진은 경기 남부 지역에 위치한 한 산업단지의 공장 주소를 토지이음에 입력한 것이다. 용도지역(①)은 준공업지역이며, 그 아래 지방산업단지(②)로 표기되어 있는 것을 볼 수 있다. 앞서 배운 것처럼 산업단지 관리공단의 규제를 적용받는 공장이라고 보면 된다.

≫ 토지이음을 통한 산업단지와 개별입지 구분법-1

다음은 개별입지에 위치한 공장 주소를 토지이음에 조회한 화면이다. 앞서 산업단지는 공업지역에 위치해 있었지만 개별입지는 계획관리지역(③)으로 표시된 것을 볼 수 있다. 그렇기에 아래(④)에서는 산업단지로 표기된 문구를 찾아볼 수 없을 것이다. 계획관리지역은 관리 기관의 별도의 감독을 받지 않기 때문에 임대·매매가 자유롭다.

》 토지이음을 통한 산업단지와 개별입지 구분법-2

투자 수익을
높여주는
실전 노하우

11

이것만 알면
나도
공장 전문가

공장 층고 확인하는 2가지 방법

공장 층고를 확인하는 방법에는 크게 2가지가 있다. 첫째, 건축물대장을 통해 확인하는 방법, 둘째, 현장에서 육안으로 확인하는 방법이다. 먼저 첫째 방법을 살펴보겠다. 다음 페이지에 나오는 건축물대장은 실제 제조업소로 이용 중인 건물이며, 대장을 출력해보면 건물의 전반적인 개요가 나오는 것을 확인할 수 있다. 여기서 높이로 표시된 부분을 보면 되는데, 본 건물은 높이가 8.65m로 표시되어 있다. 그럼 해당 건물의 높이는 8.65m일까? 정답은 '아니다'이다.

건축물대장상 표기된 높이는 용마루 기준이다(용마루가 헷갈리는 분들은 '돈 되는 공장 고르는 7가지 기준'을 다시 보도록 하자). 실무에서 말하는 공장 높이는 처마 기준으로 판단한다고 했다. 공장은 건축 시 처마보다 용마루가 약 1.5m 정도 높다. 그렇다면 반대로 용마루 높이에서 1.5m 정도를 빼면 처마의 높이가 나온다. 따라서 해당 건물의 처마 기준 높이는 약 7m인 것으로 보면 된다.

일반건축물대장(갑)							(2쪽 중 제1쪽)
고유번호				명칭		호수/가구수/세대수	0호/0가구/0세대
					소동		
대지위치	경기도 평택시		지번	도로명주소	경기도 평택시		
※대지면적 0 ㎡	연면적 198 ㎡		※지역	※지구		※구역	
건축면적 198 ㎡	용적율 산정용 연면적 198 ㎡		주구조 일반철골구조	주용도 제2종근린생활시설(제조업소)		층수 지하 0층 지상 1층	
※건폐율 0 %	※용적율 0 %		높이 8.65 m	지붕 경사지붕		부속건축물 동 ㎡	
※조경면적 ㎡	※공개 공지·공간 면적 ㎡		※건축선 후퇴면적 ㎡	※건축선후퇴 거리		m	
건축물 현황					소유자 현황		
구분	층별	구조	용도	면적(㎡)	성명(명칭) 주민(법인)등록번호 (부동산등기용등록번호)	주소	소유권 지분 / 변동일 변동원인
주1	1층	일반철골구조	제조업소	198			1/1 / 2018.10.30. 소유권이전
		- 이하여백 -					
					- 이하여백 -		
					※ 이 건축물대장은 현소유자만 표시한 것입니다.		
이 등(초)본은 건축물대장의 원본내용과 틀림없음을 증명합니다.						발급일: 2023년 3월 4일	
				평택시장		담당자: 전 화:	
※ 표시 항목은 총괄표제부가 있는 경우에는 적지 않을 수 있습니다.						297㎜×210㎜[백상지(하)80g/㎡]	

》 일반 건축물대장 예시

다음 방법은 현장에서 육안으로 확인하는 방법이다. 이는 판넬 개수를 세어보면 쉽게 알 수 있다. 공장은 건축 시 1m 높이의 규격화된 판넬을 외벽에 쌓아올리는 형태로 건축한다. 따라서 판넬이 몇 개 쌓여 있는지 세어보면 높이를 쉽게 확인할 수 있다.

다음 페이지 사진에 나오는 공장은 내가 직접 토지를 매입해 지은 공장 중 하나이다. 좌측 사진이 판넬 공사 사진을 찍어놓은 것인데, 1m 높이의 판넬을 쌓아올리고 있다. 이렇게 처마까지 총 7개의 판넬을 올렸고, 해당 건물의 높이는 처마 기준 7m이다. 아직 눈에 익숙하지 않다면 멀리서 보고 판넬 개수를 세기 어려울 수도 있다. 그러나 건물 가까이 다가가 보면 판넬 구분선이 뚜렷이 보이니 현장에 나가서는 더욱 쉽게 개수 및 높이를 확인할 수 있을 것이다.

» 좌: 판넬 공사 사진, 우: 판넬 공사 완료 사진

나는 현장 임장 시 레이저 거리 측정기를 들고 다닌다. 이것 하나만 있으면 버튼 하나로 손쉽게 길이 측정이 가능하다. 인터넷에서 보통 2~3만 원대에 구매가 가능하며 층고나 도로 폭, 건물 내 면적 등을 잴 때 상당히 유용하다. 부담스러운 금액은 아니니 투자자라면 하나쯤 구비해도 좋을 것이다.

» 레이저 거리 측정기

공장 준공일자 확인하는 방법

공장 준공일자는 건축물대장 2페이지에 표기되어 있으며 '사용
승인일'란을 확인하면 된다. 여기에선 사용승인일 외에 건축주, 설
계자, 허가일 등 다양한 정보를 확인할 수 있는데 공장 투자에 필
요한 정보는 '사용승인일' 정도이니 나머지 정보는 참고만 해도 무
방하다.

》 건축물대장 2페이지 예시

진입도로 폭을 체크하는 3가지 방법

공장은 접해 있는 도로 폭에 따라 진출입 가능한 차량의 크기가
결정되며, 이는 곧 수요의 범위를 의미한다. 따라서 임장 시 몇 m

의 도로 폭과 접해 있는지 확인해봐야 한다. 공장 필지와 접해 있는 도로 폭을 확인하는 방법은 크게 3가지이다.

첫째, 줄자 또는 레이저 거리 측정기를 이용하는 방법이다. 이는 현황상 도로 폭을 체크할 때 일반적으로 사용하는 방법이다. 줄자를 들고 도로 끝에서 끝까지 길이를 확인해보면 된다.

둘째, 토지이음을 통해 확인하는 방법이다. 토지이음에서 길이를 측정하고자 하는 필지를 출력한 뒤 일반 문구용 자로 길이를 잰다. 이후 '측정 길이×축척 배율'을 하면 mm 단위의 값이 나오는데 이를 m로 변환해서 보면 된다. 참고로 1mm는 0.001m이다. 다음 사진을 보고 실제 도로 폭을 계산해보자. 자로 잰 길이는 현재 13mm이고 축척 배율은 1/600이다. 13×600= 7,800mm가 나오고,

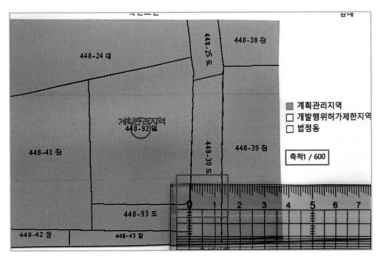

》 도로 폭 계산 예시

이를 m로 환산하면 7.8m가 나온다. 따라서 실제 도로 폭은 7.8m 로 보면 된다.

마지막 셋째, 카카오맵 내에 '거리재기' 메뉴를 활용하는 것이 다. 이 방법을 사용하면 가장 쉽고 빠르게 거리를 확인할 수 있으 나 약간의 오차 범위가 존재한다. 사용 방법은 간단하다. 카카오맵 에 접속하여 우측 '거리재기' 버튼(①)을 클릭한 뒤 측정하고자 하는 도로의 끝과 끝을 선택(②)하면 된다.

아래 우측 사진을 보면 도로 폭 넓이가 8m로 측정되었다. 방금 전 자로 잰 필지와 같은 필지이다. 자로 재어 계산했을 땐 7.8m가 나와 거리재기와 약 0.2m 정도 차이가 나는 것을 알 수 있다. 정확 하진 않지만 빠르게 확인하고 싶은 경우 활용하기 좋은 방법이다.

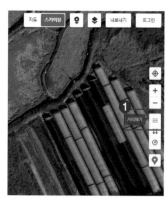

>> 카카오맵 거리재기 기능

위성 지도로 공장 평수 체크하는 방법

위성 지도로 공장 평수를 간단하게 체크하는 방법이 있다. 공장은 직사각형 형태로 대부분 지어지기 때문에 카카오맵의 면적재기 기능을 이용하면 쉽게 확인이 가능하다. 확인 방법은 카카오맵에 접속 후 우측 '면적재기' 버튼(①)을 클릭한다. 이후 면적을 확인하고자 하는 건물 지붕의 4개의 끝점(②)을 하나하나 선택한다. 그럼 건물 면적(㎡)이 산출될 것이고 '면적(㎡)×0.3025'를 계산하면 평수로 전환된다. 이렇게 확인할 시 아래 우측 사진의 건물은 면적이 199㎡(60평)로 나온다. 물론 정확한 면적을 알기 위해선 건축물대장을 열람해야 한다. 그러나 이 방법을 사용하면 물건별로 일일이 조회해야 하는 번거로움을 덜 수 있고, 개략적인 평수를 빠르게 확인할 수 있다.

》 카카오맵 면적재기 기능

11 이것만 알면 나도 공장 전문가

시장에 완벽한 물건은 없다

여기서 말하는 완벽한 물건이라 함은 가격이 저렴하면서 훌륭한 스펙까지 갖춘 물건을 말한다. 아파트로 치면 로얄동, 로얄층인데 가격까지 착한 물건이라 할 수 있겠다. 투자자 중 일부는 완벽한 물건만 찾는다. 그러나 이게 쉽지 않다 보니 결국 투자하지 못해 성과를 내지 못하고 시간만 보내는 경우가 많다. 그렇게 시간이 지나고 예전 가격을 기억하며 왜 이렇게 많이 올랐냐며 나중에 꼭 사겠다는 말을 하는 경우도 있다. 그러나 아쉽게도 그들의 바람은 잘 이뤄지지 않는다.

시장에 완벽한 물건이 없는 이유는 다음과 같다. 객관적인 스펙이 훌륭한 A급 매물은 시세대로 내놔도 충분히 잘 팔리기 때문이다. 역지사지의 입장에서 생각해보자. 내가 만약 A급 매물을 보유하고 있다면 시세보다 저렴하게 내놓을까? 당연히 아닐 것이다. 시장이 특별히 좋지 않을 때를 제외하면 일반적인 금액으로 내놔도 충분히 거래가 되기 때문이다. 상황에 따라 더 비싸게 팔 수도 있는 게 A급 매물이다. 이런 이유로 완벽한 매물을 찾는 것은 사실상 쉽지 않다.

그렇다면 우리는 어떤 물건을 찾아 투자해야 할까? 바로 물건 자체에 약간의 하자가 있거나 매도인의 사정으로 특정 조건이 붙어서 나온 매물이다. 이런 매물을 매입하면 시세보다 많이 저렴하게 살 수 있다.

한 가지 사례를 들어보겠다. 내가 운영하는 사무소에 어느 날 노부부가 찾아왔다. 현재 보유하고 있는 공장에서 월세를 500만 원 정도 받고 있는데, 이번에 공장을 팔고 자식들에게 현금으로 증여를 해주고 싶다고 했다. 그런데 해당 매물의 가격을 들어보니 상당히 저렴했다. 그 이유는 공장으로 사용하는 필지의 일부가 농지였는데, 이를 불법으로 콘크리트 포장을 해서 사용하고 있었기 때문이다. 그런데 담당 관청에 민원이 접수되어 다시 농지로 원상 복구를 하라는 명령이 떨어진 상태였다. 노부부는 더 이상 이와 관련해 스트레스를 받고 싶지 않았고, 매수인이 해결하는 조건으로 시세 대비 저렴하게 매물로 내놓았던 것이다.

》 빨간색으로 표시된 부분이 불법 전용된 면적이다.

나는 해당 매물을 접수받은 후 평소 친분이 있던 지인에게 소개해 줬다. 내 지인은 저런 경우 어떻게 원상 복구를 해야 하는지 잘 알고 있었다. 객관적인 스펙은 약간 떨어졌지만 시세보다 상당히 저렴하다는 확신이 있었기에 계약은 바로 진행되었다. 이후 업체를 불러 해당 부분의 콘크리트를 걷어낸 뒤 허가를 받고 재포장하였다. 결과적으로 해당 농지를 원상 복구하는데 약 1천만 원의 비용을 투입하였으며, 최종 매수 금액은 시세 대비 약 2억 원 이상 저렴했다.

부동산 투자를 잘하기 위해선 좋은 매물을 싸게 사는 게 중요하다.

그러나 앞서 살펴봤듯 이건 쉽지 않고 가능성도 낮다. 오히려 물건 자체에 약간의 하자가 있거나 매도인의 사정으로 잔금을 빨리 지급해야 하는 등 조건이 붙은 매물을 매입하는 게 훨씬 더 현실적인 투자 방법이다.

부동산 투자는 종목별로 보면 아파트, 상가, 토지, 공장 등으로 나눌 수 있다. 그러나 이를 깊이 들여다보면 모두 연결되어 있기에 내가 열심히 공부하고 투자 경험이 쌓일수록 남들이 보지 못하는 투자 포인트를 잡아낼 수 있다. 비록 현재 나의 투자 성과가 만족스럽지 못하더라도 지금의 노력들이 어느 시기엔 모두 연결되어 강력한 시너지를 낼 것이다. 그러니 너무 조급해하지 말고 하루하루 소처럼 우직하게 밀고 나가기 바란다. 그럼 어느새 내가 원하는 목표에 도달해 있을 것이다.

12

돈을 부르는 공장 투자의 기술

공장 임대·매매 빠르게 맞추는 방법

1. 공장 임대·매매 시기별 특징

공장 임대·매매가 가장 활발한 시기는 언제일까? 바로 봄, 가을철이다. 주택과 비슷하다. 겨울을 지나 날씨가 따뜻해지면 창업, 이사 수요가 많고 무더운 여름을 지나 날씨가 선선해지면 다시 수요가 늘어난다. 그럼 반대로 가장 한산한 때는 언제일까? 7~8월이다. 이유는 국내 제조업 대부분이 이 시기에 맞춰 여름휴가를 가기 때문이다. 공장 수요는 큰 틀에서 보면 계절 요인과 지역 경기에 영향을 받는다. 기본적으로 계절 요인에 따라 많이 움직이며, 지역 경기에 따라 가감되는 식이다.

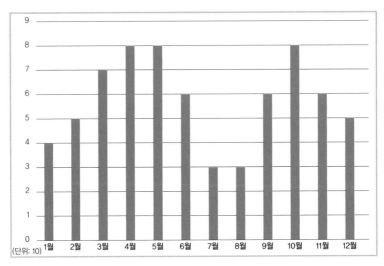

≫ 시기별 공장 수요 그래프

2. 공장 임대·매매가 맞춰지는 평균적인 기간

다음 페이지에 나오는 표는 공장 임대가 평균적으로 맞춰지는 기간을 나타낸 것이다. 앞서 배운 수요 피라미드를 기억하는가? 수요는 건물 기준 평수가 작아질수록 커지고, 반대로 평수가 커질수록 작아진다고 배웠다. 이는 제조업을 크게 하는 사람보다 작게 하는 사람이 훨씬 더 많고, 신규 진입하는 창업 수요도 대부분 소형 공장에서 시작하기 때문이다. 이런 이유로 소형은 상대적으로 불황에 강하다.

만약 공장 임차 시장이 활황일 때 매물을 내놓는다면, 330㎡ (100평) 미만은 보통 2개월 내외가 소요될 것이다. 이때 평수가 커진다면 개월 수도 늘어날 것이다. 반대로 공장 시장이 불황일 경우

100평 미만은 4개월 내외까지 소요되며, 1,320㎡(400평) 이상은 소요 기간이 1년까지 늘어난다. 따라서 만약 초보 공장 투자자라면 중대형보다는 중소형 공장 위주로 투자하자. 매매 시 환금성도 좋고 보유하는 기간 동안 안정적인 임대 수익을 올릴 수 있을 것이다.

평수	임대료	소요 개월	평수	임대료	소요 개월
60~100평	150~300만 원	2개월 내외	60~100평	150~300만 원	4개월 내외
100~200평	300~600만 원	2~4개월 내외	100~200평	300~600만 원	4~6개월 내외
200~400평	600~1,200만 원	4개월 내외	200~400평	600~1,200만 원	6개월 내외
400~700평	1200~2,100만 원	6개월 내외	400~700평	1200~2,100만 원	1년 이상

》좌: 임대 시장 활황, 우: 임대 시장 불황
(경기도 화성시 기준이며 타 지역은 별도로 조사해야 한다)

다음 페이지에 나오는 표는 호황, 불황에 따라 소요되는 평균적인 공장 매매 가능 개월 수를 나타낸 것이다. 임차와 마찬가지로 매매 역시 건물 기준 소형 평수(60~100평)가 환금성이 좋고, 평수가 커질수록 찾는 사람이 많지 않아 환금성이 나빠진다. 만약 시장이 활황인 경우 100평 미만 소형 공장은 보통 3개월 내외면 충분히 매매가 되며, 평수가 커질수록 상대적인 기간이 늘어난다.

매매시장이 불황인 경우에는 100평 미만 소형이더라도 매매 기간이 길어진다. 매매시장이 불황이라는 것은 곧 경기가 불황이라는 뜻이다. 이때는 수요자 입장에서 경기 방향성에 대한 확신을 갖기 어려워 선뜻 매수하려 하지 않는다. 더불어 금리가 오르는 시기엔 이자 부담을 느껴 매수를 주저하는 경우도 있다.

평수	매매가	소요 개월	평수	매매가	소요 개월
60~100평	4~10억 원	3개월 내외	60~100평	4~10억 원	6개월 내외
100~200평	10~15억 원	3개월 내외	100~200평	10~15억 원	1년 내외
200~400평	15~30억 원	6개월 내외	200~400평	15~30억 원	1~2년 내외
400~700평	30~60억 원	9개월 내외	400~700평	30~60억 원	2년 내외

≫ 좌: 매매 시장 활황, 우: 매매 시장 불황

(경기도 화성시 기준이며, 타 지역은 별도로 조사해야 한다)

3. 공장 임대·매매 빠르게 맞추는 3가지 방법

보유한 공장을 빠르게 임대·매매 맞추기 위해선 크게 3가지 방법을 사용하면 된다.

첫째, 많은 공인중개사 사무소에 내놓는다. 누구나 다 아는 얘기지만 왜 그래야 하는지 이유를 살펴보겠다. 공장 전문 공인중개사 사무소들은 대부분 교외지역에 위치해 있으며 소장님들의 평균 나이대가 높다. 더불어 아직까지 보수적인 분위기가 남아 있어 서로 물건 공유를 활발히 하지 않는다. 아파트의 경우 지역망을 이용해 활발히 공유하는 것과 다른 부분이다.

어떤 공인중개사 사무소에 방문하면 여러 곳에 내놓으면 오히려 역효과가 발생하니 본인한테만 내놓으라고 은근히 회유하기도 한다. 그러나 이는 잘못된 방법이다. 예를 들어 지역에 공인중개사 사무소가 10곳이 있다고 가정해보자. 내가 만약 두 곳에만 물건을 접수했는데 내 물건과 비슷한 조건을 찾는 손님이 다른 공인중개사 사무소를 방문하면 나는 기회를 놓치는 것이다. 물건 공유를 활발히 하지 않는 업계 특성 때문에 결국 그 임차인을 놓치게 된다. 그러니 손님이 10곳 중 어느 곳에 방문할지 모르기에 가능성을 여러 곳에 펼쳐놔야 한다. 그래야 내 물건이 계약될 확률이 높아진다.

둘째, 현수막을 거치한다. 공장은 임대·매매가 잘되지 않을 경우 현수막을 거치한다. 만약 현수막을 거치한 곳의 위치가 좋아 차량 통행이 많다면, 거치했을 때 효과가 극대화될 것이다. 그리고 이것은 빠른 계약으로 이어질 것이다. 혹여 차량 통행이 많지 않은 곳이더라도 현수막을 거치하면 인근 공장에서 보고 추가 공간 확보를 위해 계약하는 경우도 많다. 현수막은 동네 간판집이나 인터넷 등을 검색하여 소정의 금액으로 맞출 수 있다. 아니면 매물을 내놓은 공인중개사 사무소에 현수막 거치 요청을 하면 직접 제작한 것을 걸어주는 경우도 있다. 그러니 입맛에 맞게 선택해 진행하도록 하자.

셋째, 수수료를 조정한다. 만약 많은 공인중개사 사무소에 내놓고 현수막도 거치했는데 거래가 잘 이뤄지지 않는다면 마지막으로 수수료를 조정하는 방법이 있다. 물론 법정 한도를 넘어 초과 수수료를 지급하는 건 합법이 아니다. 그러니 지급할 수 있는 선에서 최대 수수료를 제안하자. 그러면 내 물건에 더욱 신경을 써줄 것이다. 실제로 소장님들은 비슷한 조건이라면 수수료를 더 잘 주는 물건에 힘을 싣고 브리핑하는 경우가 많다. 따라서 최대 중개 수수료를 제공하여 내 물건을 소비자에게 더 자주 노출시키자.

최종 정리하면 많은 공인중개사 사무소에 내놓고, 현수막을 거치하며, 상황에 따라 인센티브를 제공하면 되겠다.

호황과 불황일 때 공장에 투자하는 방법

주택 시장이 호황과 불황을 겪듯 공장도 호황과 불황의 사이클을 그린다. 먼저 불황 시장의 특징과 투자 방법에 대해 살펴보겠다. 불황이 왔다는 것은 매수자가 우위인 시장이 되었다는 얘기다. 불황기 초반엔 호가가 높게 유지되나 실거래 되는 금액과 차이가 많이 난다. 더불어 거래가 되지 않아 시장에 매물이 쌓이기 시작한다. 시간이 지나 불황기가 짙어질수록 매도자는 마음이 급해져 가격을 낮춰 시장에 문을 계속해서 두드린다. 매수자 입장이라면 이때가 투자하기 가장 좋은 시기이다. 시장에 매물도 많고, 가격 협상 시 우위를 점할 수 있으며, 상대적으로 공인중개사 사무소가 한산하기에 임장 시 많은 매물의 브리핑을 받을 수 있다.

불황기에 접어들면 호황기에 볼 수 없는 A급 매물들이 나온다. 보통 2차선에 접한 준신축 중소형 공장들이거나 분양단지 중 가장 위치가 좋은 필지들이다. 따라서 불황이 왔다면 조급하게 생각하지 말고 꾸준한 임장을 통해 위치 좋은 A급 매물을 골라내야 한다. 물론 불황기는 비관론이 대세라 투자하기 쉽지 않을 것이다. 그러나 토지 가격은 크게 조정을 받지 않는다고 생각하고 용기를 내보

자. 그렇다면 누구나 투자할 수 있을 것이다.

다음으로 호황기를 살펴보자. 호황기에 접어들면 매도자 우위 시장으로 분위기가 변한다. 호가는 계속해서 오르고 실거래가는 이를 맹추격해 신고가가 계속해서 갱신된다. 이 시장에서 매도자는 느긋하고 매수자가 마음이 급해 이성보다는 감정이 앞서 움직인다. 시장에 나온 매물이 들어가기 시작하며 좋은 매물들은 가격이 너무 비싸 사려고 해도 망설이게 된다. 가끔 용기 있는 사람들이 비상식적인 가격에 나온 매물을 추격 매수하지만, 결말은 그렇게 좋지 않다.

이때 매수자라면 시장 분위기에 휩쓸려 조급한 선택을 하지 말아야 한다. 시장 사이클을 한 번 떠올리고 제3자의 관점에서 보려고 노력해 분위기를 환기시키는 것도 좋은 방법이다. 이때는 시장에 매물이 많지 않으며 A급 매물은 굉장히 비싸게 나온다. 따라서 호황기에는 임장을 열심히 다녀 B급 이상의 적정 가격에 나온 매물을 찾는 게 중요하다. 부동산은 호황 또는 불황장이 오면 몇 년 동안 이어지는 특성이 있기에 호황장 초기라면 조금 비싸게 사더라도 과감히 진입해 단타를 노려볼 만하다.

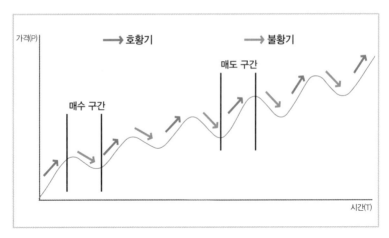

>> 부동산의 사이클

공장 매물을 내놓는 적정 시기

앞서 호황과 불황 시장의 특징에 대해 살펴보았다. 그렇다면 보유한 매물을 언제 매각해야 할까? 당연히 '호황'에 팔아야 한다. 그래야 가장 비싸게 팔아 수익률을 극대화할 수 있다. 그러나 머리로는 쉽지만 실천하기는 쉽지 않다. 특히 호황장에서 가격이 계속 오르면 추가 수익에 대한 욕심이 나서 매각 결정을 쉽게 하지 못한다. 이해한다. 인간이라면 누구나 비슷한 판단을 할 것이다.

그러나 모든 자산은 사이클을 그린다. 호황이 영원히 지속되지 않는다. 만약 이 시기를 놓치면 비싸게 팔기 위해 또 몇 년을 기다려야 할 것이다. 그렇기에 매도를 결정했다면 과감히 내놓도록 하자. 대신 호가보다 더 높게 시장에 내놓아도 매각될 가능성이 높으니, 매도 가격을 꼼꼼히 조사해 싸게 내놓는 실수를 범하지는 말자.

불황은 매도인에게 가장 힘든 시기이다. 웬만큼 가격을 내려선 팔리지도 않고 싼 가격에 내놓아도 또 깎으려고 한다. 더불어 시장에선 가장 싼 급매 위주로만 거래된다. 따라서 급하지 않다면 조금 여유롭게 기다리면서 시장이 좋아질 때 매각 계획을 세우도록 하자. 공장은 월세가 나오니 충분히 버틸 수 있다. 대개 부동산을 불황에 매도해야 하는 경우는 목돈이 갑자기 필요하거나 이자 부담에 스트레스를 많이 받는 경우이다. 그러나 공장은 최소한 후자로 인한 스트레스는 거의 없다.

부동산은 심리전이기에 급하게 파는 사람은 늘 손해를 볼 수밖에 없다. 따라서 평소 무리한 투자는 지양하고 리스크를 관리하자. 그리고 될 수 있으면 목돈이 급하게 필요한 상황을 만들지 않도록 하자. 리스크 관리 역시 투자 수익률을 높이는 데 중요한 덕목 중 하나이다.

임차 맞춰진 공장 매각하는 방법

공장은 상가와 다르게 임차가 맞춰진 경우 매매가 잘되지 않는다. 아직까지 공장으로 임대 사업을 하려는 투자자보다 실사용자가 매매시장의 주를 이루기 때문이다. 실사용자는 매매 공장을 구할 때 평균적으로 3개월~1년 사이에 신규 공장 입주를 계획한다.

이때 임차인이 있으면 매물 조건이 맞아도 기간이 맞지 않아 매매 성사가 이뤄지지 않는 경우가 종종 발생한다. 그렇다면 투자자 입장에서 공실로 인한 손실을 감안해 비워놓고 매각을 진행해야 할까? 아니다. 월세를 받으면서 충분히 매각을 진행할 수 있다. 그 방법은 다음과 같다.

첫째, 매각을 염두에 두고 있다면 임차 계약 시 1년 단위로 임차 계약을 맺으면 된다. 물론 공장도 상가 임대차보호법을 적용받아 임차인이 최대 10년까지 사용을 주장할 수 있다. 그러나 실무에선 법보다 협의를 우선하는 경우가 많다. 대신 이런 경우 임차 계약이 보통 2년임을 감안해 당근을 제시해야 한다. 예를 들어 보증금과 임대료를 시세보다 약간 낮추는 방법이 있다. 이렇게 해야 임차가 맞춰진다.

둘째, 2년 계약으로 하되 미리 협의를 구해 특약으로 매매가 된 경우 임대인 통보일로부터 3개월 이내에 명도해주는 조건을 넣는 것이다. 이 방법은 최초 계약 시부터 적용할 수도 있고, 2년의 임차 기간이 끝난 이후부터 적용할 수도 있다. 다만 상가 임대차보호법은 강행 규정으로 명도 특약이 있다 해도 이는 임차인에게 불리한 특약이므로 임차인은 이를 무효로 주장할 수 있기에 주의해야 한다.

셋째, 계약 기간 이내라도 이사비를 보조해주는 방식으로 협의해 명도를 유도할 수 있다.

공장은 상가 대비 임차인 명도가 수월하다. 상가는 동선의 개념이 있기 때문에 자리가 중요하고, 임차인이 그곳에서 장사가 잘되면 오래 하고 싶어 한다. 반면 공장은 동선의 개념이 없다. 손님이 간판을 보고 찾아오는 영업 형태가 아니다. 거래처에서 차량을 몰고 서로 납품을 다니기 때문에 자리에 대한 애착이 덜하고 동선 개념이 약하다. 따라서 공장은 어디서 영업해도 그간 쌓아온 영업력이 없어지는 게 아니다. 이런 이유로 명도 협의가 상대적으로 수월하다.

공장 물건 복기하는 방법

공장 물건 복기하는 방법은 크게 3가지이다.

첫째, 어떤 업종이 들어와 새로운 부가 가치를 창출하고 있는지 확인하는 것이다. 공장에는 대부분 제조업이나 창고가 들어온다고 알고 있다. 그러나 최근엔 창고형 카페, 실내 체육시설, 대형 식당 등 상업 시설로 탈바꿈하여 새로운 부가 가치를 창출하는 곳도 많다. 일반 상가 건물에서는 공장만큼 층고가 높고 공간이 넓은 곳을 찾는 게 쉽지 않기 때문이다. 만약 상가로 리모델링하여 임차를 놓을 경우 임대료를 올려서 받을 수도 있다. 복기 임장을 통해 어떻게 공장 건물이 활용되고 있는지 살펴보고, 또 다른 아이디어를 얻도록 하자.

>> 공장은 대형 공간이 필요한 상업 시설에 대부분 접목할 수 있다.

둘째, 물건지 주변 토지와 공장 시세 추이를 파악하고 매입 (낙찰) 시점 대비 어느 정도 가격 상승이 있었는지 살펴보는 것이다. 공장은 토지 투자 베이스이기 때문에 지가가 올랐다면 반드시 공장 매매가도 오른다. 조금 디테일하게 들어가면 연도별로 매매가를 조사해보고 매년 몇 퍼센트 상승하는지 파악해보는 것도 좋다. 다만 시세 조사 시 토지 부분 조사가 능숙하지 않다면 공장만 조사해도 충분하다.

셋째, 최근 매각됐던 물건을 체크해보는 것이다. 앞서 배운 밸류맵이나 디스코를 활용해 최근 거래된 물건을 리스트업한다. 이후 해당 물건의 등기부등본을 출력하여 매입 가격과 매도 가격을 비교해보고 기간 대비 수익이 얼마나 났는지, 대출 비율은 어떤지, 실투자금은 어느 정도 소요됐는지 등을 분석해보면 나만의 투자 인사이트를 얻을 수 있을 것이다.

공장 지붕을 이용해 추가 수익을 내는 방법

1. 지붕 임대 vs 태양광 설치

공장은 건축 면적이 넓다 보니 지붕도 넓어 이를 활용해 추가 수익을 낼 수 있다. 추가 수익을 내는 방법은 크게 2가지이다.

첫째, 태양광 업체에 지붕을 임대해주는 방식이다. 이는 태양광 업체와 지붕에 대한 임대 계약을 체결한 뒤 일정 금액의 임대료를 받게 된다. 보통 임대 계약은 20년 단위로 진행되며 임차료는 1년에 한 번 목돈으로 받을 수도 있다. 지붕을 업체에 임대해주면 임차한 업체는 그 위에 태양광을 설치하여 발전 설비를 가동한 뒤 전기를 매각하여 수익을 얻게 된다. 이때 건물주는 단순하게 지붕에 대한 사용 권한만 임차해준 것이기 때문에, 태양광에서 나오는 수익은 별도로 받을 수 없다. 더불어 20년 임차 계약 기간 만료 후 태양광 설비를 무상으로 양도받을 수도 있는데, 다만 발전 설비가 노후화된 만큼 발전 효율이 떨어져 수익률도 낮다. 이 점은 참고해야 한다.

이 방식의 장점은 지출 없이 단순하게 지붕을 임대해줘서 추가 수익을 낼 수 있다는 점이다. 만약 공장 매각 시 임차 계약 기간이 남았다면 지붕에 대한 임차 권한을 같이 양도하면 된다. 지붕 임대 사업 시 업체별로 최소 지붕 면적에 대한 기준이 있으니 상담하여 내게 맞는 상품을 취사선택하면 된다.

» 태양광이 설치된 공장

둘째, 태양광을 내 건물 지붕에 직접 설치하는 방식이다. 이 방식은 우리가 흔히 알고 있듯 전기세 절감을 위한 건 아니다. 지붕에서 생산한 전기를 내가 사용하지 않고 한전(거래소)에 매각하여 수익을 내는 방식이다. 이 방식의 장점은 내 비용을 들여 태양광을 설치하는 만큼 발전에 따른 전기를 모두 매각하여 수익을 얻을 수 있다는 것이다. 당연히 투자금이 들어가기에 단순 지붕을 임대했을 때보다 수익률이 높다. 건물 내부 공간을 임차하여 1차로 임차료를 받고, 지붕에 설치한 태양광을 통해 2차로 수입을 올리는 구조이다. 실제로 지인 중 한 명이 2018년 4.9억 원에 83평 공장을 매입한 뒤 추가 비용을 들여 태양광을 설치하였고, 현재 공장에서 '임대료 210만 원+태양광 수입 약 100만 원'을 올리고 있다.

태양광을 공장 지붕에 설치할 경우 국토의 효율적 이용이라는 명분하에 일반 토지에 설치한 것보다 가중치 1.5를 부여해준다. 가중치를 부여받을 경우 전기를 더 비싸게 판매할 수 있기에 나름 수입이 괜찮다고 볼 수 있다.

구분	공급인증서 가중치	대상 에너지 및 기준	
		설치 유형	세부 기준
태양광 에너지	1.2	일반 토지에 설치하는 경우	100kW 미만
	1.0		100kW부터
	0.8		3,000kW 초과
	0.5	임야에 설치하는 경우	–
	1.5	건축물 등 기존 시설물을 이용하는 경우	3,000kW 이하
	1.0		3,000kW 초과

>> 태양광 가중치 표

태양광 설치 비용은 건물의 향(向)이나 구조에 따라 설치 용량이 달라지기에 이에 영향을 받는다. 그리고 패널을 국산 또는 중국산 중 어느 것을 선택하느냐에 따라서도 다르다. 따라서 업체에 연락해 내 예산과 건물에 맞게 견적을 받도록 하자.

참고로 태양광 패널의 내구성은 약 20~25년으로 알려져 있으며, 자비로 설치 시 대출도 가능하다. 더불어 투자 원금이 모두 회수될 때까지 걸리는 시간은 평균적으로 4~7년 정도이다. 따라서 단기간에 공장을 매각할 계획이 있다면 태양광 자비 설치는 패스하자. 반면 10년 이상 장기 보유할 계획이라면 검토해볼 만하다.

2. 태양광 업체를 찾는 방법

태양광 업체는 검색 사이트를 이용해 찾으면 된다. 네이버, 구글, 다음 등 검색 사이트에 접속해 '공장 태양광' 혹은 '태양광 설치' 등으로 검색하면 다양한 업체가 나온다. 이 중 3~4곳 이상의 업체에 연락해 상담 및 견적을 받아보자. 그리고 예산, 업체 친절도, 시공 경험 등을 종합적으로 고려해 업체를 선택하면 된다. 만약 인터넷 검색만으로 2% 부족함을 느낀다면 공장지대 주변에 태양광을 실제 운영하고 있는 공장주를 찾아가서 면담한 뒤 소개받는 것도 좋다.

13.

새는 돈도 막는
공장 관리
노하우

공장 누수가 발생했을 때

시간이 지날수록 건물은 노후화되며 그에 따라 수리할 곳이 발생하게 된다. 공장 역시 마찬가지다. 공장은 주로 판넬 사이를 이어주는 철물 자재의 부식 등으로 인해 수리할 곳이 발생하며, 이는 곧 누수로 이어진다. 노후화된 공장에서 누수가 발생했는지 확인하는 방법은 다음과 같다. 비가 오는 날 공장에 방문하여 판넬 틈새로 물이 흘러내리는지 확인하면 된다. 육안으로 쉽게 보여 누구나 확인할 수 있다. 그러나 이 방법의 단점은 비가 오는 날까지 기다려야 한다는 것이다.

그렇다면 비가 오지 않아도 누수를 확인할 수 있는 방법이 없을까? 물론 있다. 다음 페이지 사진을 보자. 혹시 바닥에 물이 마른

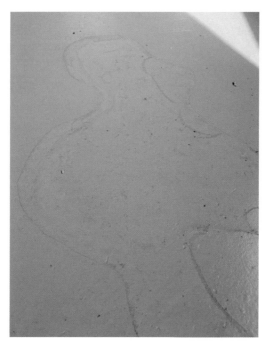

》 누수로 인해 공장 바닥에 물이 마른 자국

자국이 보이는가? 맞다. 이게 바로 누수의 흔적이다. 누수가 발생하면 바닥으로 물이 고이며, 물이 마르면 아래 사진과 같이 흔적을 남긴다. 그렇기에 만약 누수가 의심된다면 공장 바닥을 유심히 보면 된다. 특히 경매 물건 임장을 가서 활용하면 유용할 것이다.

경매 물건은 특성상 공실로 오랫동안 방치되어 있는 경우가 많다. 그래서 누수 발생 확률이 높다. 만약 내가 조사하지 않으면 어느 누구도 하자에 대해 얘기하지 않기 때문에 더욱 꼼꼼한 조사가 필요하다. 따라서 내가 누수를 미리 확인할 줄 안다면 경매 입찰가

산정 시 누수 처리 비용을 미리 산입하여 입찰가를 산정할 수 있다. 이는 예상치 못하게 추가로 지출되는 비용을 막을 수 있다.

만약 누수 발생이 확인됐다면 어떻게 처리해야 할까? 방법은 간단하다. 우리가 에어컨을 사용하다 고장이 나면 에어컨 수리업체를 부르는 것과 같다. 누수를 전문적으로 수리해주는 업체를 찾아 견적을 받고 수리를 진행할지 말지를 결정하면 된다. 누수 수리업체는 인터넷에서 검색하면 된다.

예를 들어 내가 보유한 공장이 경기도 화성시에 위치해 있다면 '화성 방수' 등으로 검색하면 여러 업체가 나온다. 만약 부산이라면 '부산 방수'로 검색하면 된다. 검색 시 '방수' 앞에 지역명을 넣는 이유는 너무 먼 지역의 업체를 컨택할 경우 거리상의 이유로 일 진행이 어렵기 때문이다. 따라서 내가 보유한 공장과 같은 지역이나 근거리에 위치한 업체를 선정하는 게 일 처리에 있어 여러모로 유리하다.

공장은 우리가 일반적으로 이용하는 철근 콘크리트 건물, 즉 아파트, 상가, 꼬마 빌딩 등과 다르게 누수 탐지가 쉬우며 처리 비용도 상대적으로 저렴하다. 대부분의 누수는 실리콘 보강 작업으로 간단히 해결이 가능하다. 대신 공장이 너무 오래되어 부식이 심한 경우 추가 작업이 필요할 수 있어 비용이 올라가기도 한다. 업체별로 누수 해결에 대한 작업 범위와 양이 달라질 수 있으니 견적을 잘 받은 뒤 믿음 가는 업체를 선정하면 된다.

》 간단한 누수는 별도의 장비가 필요 없어 쉽게 해결이 된다.

공장 임차인이 월세를 미납했을 때

임대 사업을 할 때 가장 곤란한 것은 바로 임차인이 월세를 납부하지 않을 때이다. 공장 역시 임차인들이 월세를 납부하지 않는 상황이 종종 발생한다. 대부분 운영하는 사업이 어려워져서 그런 것인데, 이때 임대인 입장에선 빠른 판단이 중요하다. 공장은 임차 계약 시 보증금을 받지만 관례상 월세의 10개월 치만 받는다. 상가가 2년 치 내외를 받는 것과 대조적이다. 월세 미납 시 기간에 대한 여유가 상대적으로 적다. 이런 이유로 임차인이 3기의 차임을 연체하게 되면 명도 소송을 진행해야 할지 말지를 빠르게 판단해야 한다.

대한민국 상가건물 임대차보호법을 보면 계약 기간 이내이더라도 임차인이 3기의 차임액에 달하는 금액을 연체한 경우 임대인이 계약을 해지할 수 있다고 되어 있다.[**] 이 말은 곧 3기의 차임액이 연체에 달하면 임대인은 이때부터 명도 소송을 진행할 수 있다는 이야기이다. 예를 들어 임대인이 10개월 치의 보증금을 보관하고 있는데 3개월을 연체하였고 명도 소송 소요 기간이 6개월 내외라면 10개월 치의 보증금은 금세 소진되어 버린다. 만약 3개월 연체 이후 임차인의 사정을 듣고 계속 미뤄주면 10개월 치의 보증금은 생각보다 빨리 없어질 것이다.

거기다 뒤늦게 명도 소송을 진행하게 되면 이미 보증금은 바닥난 상태에서 추가로 6개월 내외가 더 소요되기에 시간적, 정신적, 경제적인 피해를 볼 수밖에 없다. 설사 그동안 미납한 월세를 두고 임차인을 상대로 민사를 진행한다 해도 이미 사업이 어려워진 상태이다 보니 받기도 쉽지 않다. 따라서 3개월 연체가 발생하면 명도 소송을 진행할지 말지 여부를 빠르게 판단해야 한다. 판단 기준은 큰 틀에서 다음과 같다.

첫째, 임차인이 월세를 미납하고 있지만 명도 소송을 별도로 진행하지 않아도 되는 상황이다. 현재 월세는 미납했지만 임차인과 소통이 잘되며 임차인이 계획을 미리 말해주는 경우이다. 여기서

[**] 상가건물 임대차보호법 제10조 1항

계획이라 함은 다음과 같은 경우를 말한다. "정해진 날짜까지 사업을 정리하고 공장을 비워주겠다.", "본인이 임차인을 맞춰놓고 나갈 테니 미납한 월세는 보증금에서 차감하고 차액만 돌려 달라."

이 경우 대부분 원만한 협의가 가능하며 계약 중간에 나가다 보니 임차인이 중개 수수료를 부담하게 된다. 임대인 입장에선 나쁘지 않은 조건이다. 서로 웃으며 이별할 수 있다.

둘째, 명도 소송을 고려해봐야 하는 상황이다. 이 상황에 속하는 임차인들은 대부분 거짓말을 많이 한다. 어떻게 하겠다는 구체적인 계획보다는 미납한 월세를 납부하겠다고 앵무새처럼 반복해서 말한다. 그러나 대부분 지켜지지 않으며 연락이 잘 안 된다. 임대인 입장에서 참으로 속이 타는 상황이다. 이 경우 3개월 연체 시점에 빠르게 명도 소송을 진행하는 게 좋다.

소장이 접수되면 임차인의 태도가 바뀌는 경우가 많으며 협의하기가 전보다 수월해진다. 여기서 잠깐! 만약 협의가 수월하게 진행되더라도 소송을 절대 취하해서는 안 된다. 언제, 어떻게 상황이 바뀔지 모르기 때문에 소송을 계속 진행하면서 압박은 유지한 채 협의하는 게 좋다. 이때 미납 월세를 모두 정리하고 임차 계약을 계속 유지할지 아니면 공장을 비워달라고 요청한 뒤 새로운 임차인을 받을지 임대인 입장에서 선택하면 된다.

공장은 내부에 값이 나가는 기계, 기구들이 많아 강제 집행까지 가는 경우는 드물다. 임차인 입장에서도 고가의 기계, 기구가 강제

집행으로 인해 창고에 방치되는 것을 원치 않기 때문이다. 따라서 협의가 완료되면 그때 소송을 취하해주면 된다.

월세 미납으로 인한 명도 소송은 송사 업무 중 간단한 편에 속하기에 인터넷 검색을 통해 셀프로도 가능하다. 혹여 시간상의 제약 때문에 셀프가 불가하다면 법무사를 이용하면 된다. 미납 사실이 명확하며 법률상 다툼의 여지가 거의 없기 때문에 대부분 임대인이 승소한다. 단순 명도 소송 사건인데 변호사를 고용하기엔 비용 측면에서 다소 불리하다. 따라서 가까운 법무사를 찾아가 상담받고 진행하면 된다.

공장 평수를 나눠 임차 놓는 방법

공장을 보유하고 있는데 공실이 길어진다면 평수를 나눠 임대 놓는 것을 고려해볼 수 있다. 이 방법의 장점은 면적이 작을수록 수요가 많다 보니 공실 문제를 상대적으로 빨리 해결할 수 있다는 것이다. 상가도 비슷한 방법으로 공실이 길어질 경우 작게 분할해서 임대한다. 대신 상가는 면적을 작게 하면 임대료를 높일 수 있다. 그러나 공장은 면적과 상관없이 연식에 따라 임대료가 계산되기에 면적을 작게 한다고 임대료를 더 받기는 어렵다. 따라서 평수를 나누는 것은 임대 수익률을 올리기 위해서가 아니라, 빠른 공실 탈출을 위해서다.

공장 평수를 분리하는 방법은 판넬을 내부 공간 면적에 맞게 설치하여 물리적인 공간을 분리시켜주면 된다. 예를 들어 400㎡(121평)의 공장을 소유하고 있다면 중간쯤에 판넬을 설치하여 200㎡(60평)씩 공간을 나누면 된다. 이때 판넬로 공간 내부를 분리하는 것은 별도의 인허가 사항은 아니기에 건물 상황에 맞게 자유롭게 선택하여 진행할 수 있다.

아래 사진은 실제 공간을 분리하여 임대 사업을 하고 있는 공장의 모습이다. 물건의 스펙은 토지 2,089㎡(631평), 건물 828㎡(250평)으로 계획관리지역에 위치한 공장이다(빨간색 점선이 구획을 나눠 놓은 부분). 건물주는 공실 리스크를 작게 하려고 건물 내부 중간에 판넬을 설치하여 공간을 각 414㎡(125평)씩 분리하였다. 이후 현재는 임

>> 외관으로는 구획 분리가 되어 있는지 알 수 없다.

차인 2명에게 임대 중이다.

아래는 공장의 내부 모습이다. 중간에 판넬을 설치하여 물리적인 공간을 분리한 모습을 볼 수 있다. 외부 출입문을 잠그면 내부에선 양측 통행이 불가하다. 사진에서 보는 바와 같이 단순하게 판넬을 견고하게 설치한 것이기 때문에 시공비는 저렴하며 설치 기간이 상대적으로 짧다.

≫ 창문 유무를 통해 공간 분리를 위한 벽인지, 일반 외벽인지 알 수 있다.

이렇게 간단하게 공간을 분리하면 1동의 공장에 2인 이상의 임차인을 들일 수 있다. 더불어 면적이 작아지다 보니 임차인을 맞추는 게 수월해진다. 단, 공장은 최소 건축 면적이 200㎡(60평)인 만큼 보유한 공장 면적이 최소 400㎡(120평) 이상인 경우에만 분리를 고민해보길 추천한다.

공장 분리 작업을 위해 업체를 찾는 방법은 인터넷 검색을 하면 된다. 예를 들어 화성에 공장을 소유한 경우 검색 사이트에서 '화성 조립식 판넬' 등으로 검색하면 다양한 업체가 나온다. 이 중

13 새는 돈도 막는 공장 관리 노하우

3~4곳의 업체를 컨택하여 견적을 받은 뒤 최종 시공 여부를 결정하면 된다.

공장 리모델링을 통해 수익률을 올리는 방법

공장도 리모델링이 가능하며, 리모델링 작업을 통해 임대·매매 수익률을 올릴 수 있다. 공장 리모델링은 철근 콘크리트 건물 대비 상대적으로 절차가 간단하다. 공장 외벽을 구성하고 있는 판넬을 모두 걷어낸 뒤 새로 붙이는 작업이 대부분이기 때문이다.

공장 리모델링은 크게 판넬 전체 교체, 마당 아스팔트 재포장,

》 공장 마당 아스팔트 재포장 작업 중

》 공장 바닥 에폭시 재작업 전후

건물 내 바닥 에폭시 작업으로 이뤄진다. 이 중 판넬 교체 비용이 가장 큰 부분을 차지하며 이후 아스팔트 포장, 에폭시 작업 순으로 투입 비용이 적어지게 된다. 만약 리모델링을 진행할 때 마당 포장 및 건물 내 에폭시 상태가 양호한 경우 판넬 교체 작업만 진행해도 무방하다. 즉 판넬 교체를 제외한 나머지 부분은 선택 사항이라고 보면 된다.

다음은 2차선 변에 위치한 공장 리모델링 사례이다. 판넬 전체 교체, 마당 아스팔트 재포장, 바닥 에폭시 작업을 함으로서 리모델링 3종 세트가 모두 진행되었다. 구축에서 준신축 느낌의 공장으로 탈바꿈된 것이다. 리모델링을 진행하면 임대료는 약 10~20%,

》 리모델링 3종 세트가 진행된 전후

13 새는 돈도 막는 공장 관리 노하우

매매가도 이와 비슷하게 10~20% 상승한 금액으로 임대·매매가 가능하다.

더불어 바이어나 외부 손님이 자주 방문하는 사업을 하는 임차인의 경우 준신축 등의 깔끔한 공장을 원한다. 만약 리모델링을 한다면 이런 유형의 임차인도 받을 수 있을 것이다. 즉 수요의 범위를 더 넓힐 수 있어 공실 기간을 상대적으로 줄일 수 있다.

다음 사례는 2차선 변에 위치한 소형 공장을 상가로 리모델링한 사례이다. 판넬 교체와 건물 내 바닥 에폭시 작업만 진행하였고 마당 아스팔트 포장은 하지 않았다. 해당 공장 앞 도로는 원래 차량 한 대만 다닐 수 있을 정도의 좁은 도로 폭과 접해 있었다. 그러나 2차선 도로가 확장되며 향후 차량 통행이 늘어날 것을 대비해 발빠르게 판넬 교체를 해 상가로 리모델링하였다. 리모델링 전 공장으로 임대를 놓게 되면 평당(3.3㎡) 2~2.5만 원을 받을 수 있었다. 그러나 상가로 리모델링함에 따라 평당(3.3㎡) 4~5만 원을 받을 수 있는 건물이 되었다.

결과적으로 리모델링을 통해 임대 수익, 매매가 상승 두 마리 토끼를 모두 잡은 사례이다. 공장이 2차선 도로변에 위치해 있다면 상가로 리모델링하는 것을 고려해볼 수 있다. 대부분의 교외지역은 2차선 변을 따라 차량 통행이 많고, 상권 형성도 자연스럽게 2차선 변을 따라 이뤄지기 때문이다.

》2차선 변 차량 통행이 많은 위치라면 상가로 리모델링하는 것도 좋은 방법이다.

공장 리모델링은 건물이 준공된 지 짧게는 20년, 길게는 30년이 넘는 경우 진행하면 된다. 단, 리모델링을 고려할 때 '현 공장 시세+리모델링 비용'의 평당(3.3㎡) 금액이 인근의 신축 공장 시세를 넘는다면 하지 않는 편이 좋다. 실익이 없기 때문이다. 차라리 이럴 땐 기존 공장을 매각하고 신축 공장을 매입하는 게 비용 측면에서 유리하다.

리모델링은 국내 건축법상 건물 외벽을 증설 또는 해체하거나 벽 면적 30㎡(9평) 이상을 수선, 변경할 경우 신고, 허가 대상이기 때문에 공사 전 건축 사무소에 의뢰하여 신고, 허가를 받아야 한다. 이후 신고, 허가가 완료됐다면 인터넷에서 '화성 조립식 판넬', '부산 조립식 판넬' 등을 검색한 뒤 상담을 통해 리모델링 범위를 확정하고 견적을 받아 진행하면 된다.

● 건축법 시행령 ●

제3조의2(대수선의 범위) 법 제2조제1항제9호에서 "대통령령으로 정하는 것"이란 다음 각 호의 어느 하나에 해당하는 것으로서 증축·개축 또는 재축에 해당하지 아니하는 것을 말한다. 〈개정 2010. 2. 18., 2014. 11. 28.〉

1. 내력벽을 증설 또는 해체하거나 그 벽면적을 30제곱미터 이상 수선 또는 변경하는 것

2. 기둥을 증설 또는 해체하거나 세 개 이상 수선 또는 변경하는 것

3. 보를 증설 또는 해체하거나 세 개 이상 수선 또는 변경하는 것

4. 지붕틀(한옥의 경우에는 지붕틀의 범위에서 서까래는 제외한다)을 증설 또는 해체하거나 세 개 이상 수선 또는 변경하는 것

5. 방화벽 또는 방화구획을 위한 바닥 또는 벽을 증설 또는 해체하거나 수선 또는 변경하는 것

6. 주계단·피난계단 또는 특별피난계단을 증설 또는 해체하거나 수선 또는 변경하는 것

7. 삭제 〈2019. 10. 22.〉

8. 다가구주택의 가구 간 경계벽 또는 다세대주택의 세대 간 경계벽을 증설 또는 해체하거나 수선 또는 변경하는 것

9. 건축물의 외벽에 사용하는 마감재료(법 제52조제2항에 따른 마감재료를 말한다)를 증설 또는 해체하거나 벽면적 30제곱미터 이상 수선 또는 변경하는 것

부동산은 '현장'이 답이다

부동산 투자가 익숙해질 무렵 범하는 무모한 행동이 있다. 물건에 임장을 가지 않고 입찰하거나 공인중개사 사무소 소장님으로부터 정보만 듣고 (가)계약금을 이체하는 등 현장 조사를 생략하고 투자를 결정하는 행동이다. 만약 이렇게 한다면 어떤 문제가 발생할까?

서류상 확인되지 않는 하자를 보지 못한 채 물건을 매입하게 된다. 혹여 운이 좋아 간단하게 해결할 수 있는 하자라면 큰 무리가 없겠지만, 반대의 경우라면 큰돈이 들어가는 투자이다 보니 오랫동안 목돈이 묶이거나 (가)계약금을 손해 보고 계약을 해지해야 할 수도 있다.

내가 경험한 사례를 들어보겠다. 어느 날 2차선 변에 위치한 공장 부지가 굉장히 저렴한 가격에 나왔다. 당시에 나는 해당 지역의 시세와 위치를 잘 알고 있었다. 그렇기에 서류만 빠르게 검토하고 토목사무소에 허가 가능 여부를 최종적으로 한 번 더 확인해달라고 요청

>> 당시 매물로 나왔던 공장 부지

했다. 그 뒤 허가에 문제가 없다는 연락을 받으면 바로 계약금을 입금하려 했다. 현장도 가보지 않은 채 말이다. 워낙 저렴했기에 다른 사람에게 물건을 뺏길까 하는 두려움도 있었고, 2차선 변에 위치해 있다 보니 충분히 공장을 지어 분양할 수 있겠다는 자신감이 있었다. 당시 무언가에 홀린 듯 현장에 갈 생각을 전혀 하지 못했다. 오로지 욕심에 사로잡혀 얼마를 벌 수 있겠다는 생각만 했다.

그런데 토목 사무소에 허가 검토를 요청한지 얼마 지나지 않아 소장님에게 전화가 왔다. 현장에 왔는데 악취가 너무 난다는 것이었다. 나는 깜짝 놀라 현장으로 바로 달려갔다. 가보니 토지 뒤쪽 맞은편에 축사가 있었다. 그렇다. 바로 이 하자 때문에 저렴하게 나왔던 것이었다. 나는 가슴을 쓸어내렸다. 분명 서류상으론 축사를 확인할 수 없었고, 평소 잘 알고 있는 지역이라 의심없이 확신했었다. 위성으로 봤을 때도 축사 지붕이 파란색이어서 공장이겠거니 하고 가볍게 넘어갔었다. 내 실수였다.

축사가 근거리에 있으면 공장지대로 좋지 않다. 우선 악취로 인해 임대·매매 수요가 약하고 설사 임차인이 들어온다고 해도 야간 작업이 어렵다. 왜냐하면 야간에 소음이 발생하거나 빛이 밝을 경우 동물 성장에 영향을 준다는 이유로 축사를 운영하는 쪽에서 민원을 넣기 때문이다. 민원이 계속 들어가면 해당 건물에서 사업을 제대로 해낼 사람이 없다. 이런 이유로 축사 인근 공장 투자는 피해야 한다. 물론 공장 부지 투자도 마찬가지다.

만약 내가 해당 부지에 (가)계약금을 넣은 후 현장을 방문해 축사를 확인했다면 계약금을 포기해야 했을 것이다. 단 몇 시간 만에 큰돈을 날릴 뻔했다.

» 당시 공장 부지 바로 맞은편에 있던 축사

이후 같은 실수를 범하지 않기 위해 종목별로 체크리스트를 만들었다. 이제는 체크리스트를 통해 서류상 또는 현장에서 확인해야 할 사항들이 모두 채워지면 최종 투자 여부를 결정한다. 의욕과 욕심이 앞서 감정적으로 투자 여부를 결정하지 않기 위해서이다.

"부동산은 현장에 답이 있다."라는 격언이 있다. 여기서 답이라 함은 결국 '하자'를 뜻한다. 즉 현장에 가보지 않으면 답(하자)을 찾을 수 없기에 현장에 가서 답(하자)을 찾아내는 게 무엇보다 중요하다. 즉 서류상 나타나지 않는 하자를 찾아내야 하고, 하자가 없는 좋은 물건을 골라내야 한다. 이런 이유로 현장 조사는 아무리 강조해도 지나치지 않다. 결국 현장 조사를 확실히 해야 내 소중한 투자 원금을 지킬 수 있다. 본격적인 투자에 앞서 수익을 내는 것도 중요하지만, 내 투자 원금을 잃지 않는 것이 더욱 중요하다.

돈 되는 공장
빠르게
골라내기

14

체크리스트
핵심 포인트
활용법

지금부터 체크리스트를 통해 돈 되는 공장을 빠르게 골라내는 핵심 포인트를 배워보겠다. 실제 이 포인트를 익히면 손품을 통해 투자하지 말아야 할 물건 대부분을 걸러낼 수 있다. 앞서 '09 임장 체크리스트 활용법'에서 언급했던 사항 중 1번 기본 분석을 한 뒤 모두 통과되면 임장을 가서 나머지 2~5번을 조사하면 된다.

구분		체크사항	확인사항	참고사항
1. 기본 분석	1-1	자연녹지, 계획관리지역 중 어느 것에 해당하는가?		그 외 지역은 패스
	1-2	공장 진입도로 폭은 몇 m인가?		4m 이상. 단, 265㎡ 미만은 상관없음
	1-3	공장 건물 준공연도는?		5년 이내. 단, 2차선변은 연식 상관없음
	1-4	공장 층고는 처마 기준 몇 m인가?		최소 6m 이상

》 기본 분석 체크리스트

혹여 1개라도 부합되지 않으면 과감히 패스하도록 하자. 패스했다면 임장을 가지 않아도 되며 체크리스트 2~5번을 조사할 필요가 없다. 이 방법이 익숙해지면 몇 초 안에 돈 되는 공장을 골라낼 수 있는 능력을 보유하게 될 것이다. 더불어 불필요한 물건을 임장 가야 하는 시간도 아낄 수 있을 것이다.

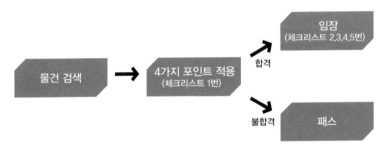

》 체크리스트 활용법

15

실전 일반 물건 분석 1

지금부터 기본 분석 4대 요건을 이용해 실제 시장에 나왔던 매물을 분석해보도록 하겠다. 이 중 일부 매물은 내 제자가 기본 분석을 적용해 매입한 물건으로, 현재 월세를 받고 있으며 매입 시점 대비 지가가 올라 매각 시 시세 차익도 가능한 상태이다.

본 물건의 개요를 살펴보면 경기도 화성시 정남면에 위치해 있는데, 정남면은 임대·매매 수요가 탄탄한 곳이다. 해당 물건은 공장 밀집지역 내에 위치해 있어 제조업을 운영하기 위한 인프라도 훌륭히 갖춰져 있다. 토지 547㎡(165평), 건물 180㎡(54평)이며 수요가 많은 소형 공장 물건에 속한다.

위치	화성시 정남면	매매가	5억 3,100만 원 (3.3㎡ 320만 원)
토지	547㎡	건물	180㎡
비고	도로 지분 68㎡ 포함. 1,500/180만 원 임차 중		

≫ 물건 개요(매매 시 건물분 부가세 별도)

우선 용도지역을 분석해보자. 토지이음에 접속해 투자하고자 하는 물건지 주소를 입력한 후 조회해보니 용도지역은 '계획관리 지역'임을 확인할 수 있다. 자연녹지 또는 계획관리지역 둘 중 하나면 통과이니 용도지역은 합격이다.

≫ 용도지역이 '계획관리지역'임을 확인할 수 있다.

다음으로 공장 진입도로 폭이다. 현장 방문 전 손품을 통해 1차로 확인했고, 이후 현장을 방문하여 직접 도로 폭을 재보니 넓이가 4m로 도로 기준도 합격이다.

도로 폭 4m

》공장 앞 진입도로 폭이 4m인 것을 확인할 수 있다.

마지막으로 준공연도와 공장 층고는 한 번에 확인할 수 있기에 같이 보도록 하자. 먼저 해당 물건의 건축물대장을 열람해봤더니 높이(①)는 8.55m이며 준공일자(②)는 2022년 12월로 표기되어 있다. 대장상 높이 8.55m는 용마루 기준이다. 여기서 1.5m를 빼면 7.05m가 나온다. 소수점 이하를 절삭하면 해당 물건은 처마 기준 높이가 7m인 것을 알 수 있다. 다음으로 준공일자는 2022년 12월이며 연식은 5년 이내이다. 층고, 연식 모두 합격이다.

일반건축물대장(갑)			명칭			1동	호수/가구수/세대수	0호/0가구/0세대	(2쪽 중 제2쪽)
4159041031-1-03260000			도로명주소			경기도 화성시 정남면 덕절제기길 13-76			
화성시 정남면 제기리	지번	326		승강기		허가일	2022.8.16.		
연면적	※지역		면제	승용	대	비상용	대	착공일	2022.9.2
180.5 ㎡	가축사육제한구역 외 3								
용적률산정용 연면적	주구조			※하수처리시설		사용승인일	2022.12.30		
180.5 ㎡	일반철골구조		형식	기타오수처리시설		관련 주소			
※용적률	높이		용량	15인용 3㎡	지번				
38.24 %	8.55 m		대		326				
※공개 공지·공간 면적 ㎡	※건축선 후퇴면적 ㎡								

>> 좌: 건축물대장 1쪽, 우: 건축물대장 2쪽

4가지 핵심 기본 분석 요건이 모두 통과되었다. 이제 임장을 가서 공장 운영 시 주변에 기피 시설은 없는지, 공장 수요는 충분한지 조사하고 적정 시세 이내라면 최종 매입 여부를 결정하면 된다.

구분		체크사항	확인사항	참고사항
1. 기본 분석	1-1	자연녹지, 계획관리지역 중 어느 것에 해당하는가?	계획관리 지역(O)	그 외 지역은 패스
	1-2	공장 진입로 폭은 몇 m인가?	4m(O)	4m 이상. 단, 265㎡ 미만은 상관없음
	1-3	공장 건물 준공연도는?	2022년(O)	5년 이내. 단, 2차선 변은 연식 상관없음
	1-4	공장 층고는 처마 기준 몇 m인가?	7m(O)	최소 6m 이상

>> 기본 분석 체크리스트

실전 일반 물건 분석 2

다음 분석 물건은 화성시 향남읍에 위치한 물건이다. 향남읍은 임대·매매 수요가 탄탄하며 공장이 많이 밀집해 있어 공장 운영에 필요한 기반 시설이 잘 갖춰진 곳이다. 본 물건은 토지 548㎡ (165평), 건물 190㎡(57평)이며 소형 공장 물건에 속해 경기에 상관 없이 임대·매매가 잘되는 유형이다. 도로 지분이 있는 것으로 보아 진입로는 사도를 통해 진입하는 것으로 알 수 있다.

위치	화성시 향남읍	매매가	4억 7,000만 원 (3.3㎡ 283만 원)
토지	548㎡	건물	190㎡
비고	도로 지분 69㎡ 포함. 임차 시 평당 2.7~3만 원		

>> 물건 개요(매매 시 건물분 부가세 별도)

먼저 용도지역을 분석해보자. 토지이음에 접속하여 해당 물건 지번을 입력하니 계획관리지역인 것을 확인하였다. 용도지역은 자연녹지 또는 계획관리지역이면 합격이니 1차 관문은 통과이다.

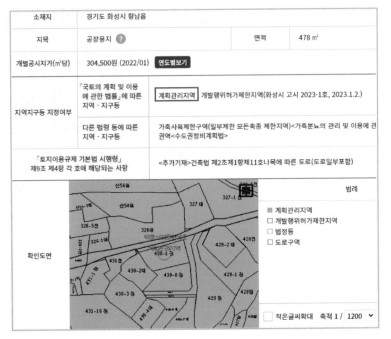

소재지	경기도 화성시 향남읍		
지목	공장용지 ❓	면적	478 ㎡
개별공시지가(㎡당)	304,500원 (2022/01) 연도별보기		
지역지구등 지정여부	「국토의 계획 및 이용에 관한 법률」에 따른 지역 · 지구등	계획관리지역 개발행위허가제한지역(화성시 고시 2023-1호, 2023.1.2.)	
	다른 법령 등에 따른 지역 · 지구등	가축사육제한구역(일부제한 모든축종 제한지역)<가축분뇨의 관리 및 이용에 관권역<수도권정비계획법>	
「토지이용규제 기본법 시행령」 제9조 제4항 각 호에 해당되는 사항	<추가기재>건축법 제2조제1항제11호나목에 따른 도로(도로일부포함)		

범례

■ 계획관리지역
□ 개발행위허가제한지역
□ 법정동
□ 도로구역

확인도면

작은글씨확대 축척 1 / 1200 ▾

》 용도지역이 계획관리지역이니 합격이다.

다음으로 도로 폭을 체크해보자. 오른쪽 사진에서 보는 것처럼 본 물건은 3m 도로 폭에 접해 있다. 도로 폭 기준은 4m라고 했으니 이 물건은 패스해야 할까? 그렇지 않다. 만약 건물 평수 기준 265㎡(80평) 미만이라면 도로 폭에 상관없이 투자해도 좋다. 이유는 소형 공장은 대형 차량 진출입이 드물기 때문에 좁은 도로 폭의 공장도 임대·매매가 잘되기 때문이다. 본 물건의 평수는 190㎡(57평)이며 도로 폭에 상관없이 투자해도 되는 면적에 해당한다. 따라서 도로 폭도 합격이다.

» 소형 공장은 도로 폭이 좁아도 상관없다.

이제 층고(①)와 연식(②)을 확인해보자. 건축물대장을 출력해 보니 높이는 8.9m이다. 여기에 1.5m를 빼면 7.4m가 나온다. 판넬 한 장은 1m이니 0.4m를 절삭하면 처마 기준 높이가 7m인 것을 확인할 수 있다. 다음으로 준공연도는 2019년 11월로 5년 이내 준신축 건물에 속한다. 층고와 연식 모두 합격이다.

일반건축물대장(갑)			승강기		허가일 2017.9.6.
300008	정부24접수번호		승용 대	비상용 대	착공일 2018.9.4.
성시 향남읍	지번				
연면적 190㎡	※지역		※하수처리시설		사용승인일 2019.11.26.
용적률 산정용 연면적 190㎡	주구조 ❶ 일반철골구조		형식		관련 주소
※용적률 39.67%	높이 8.9m				
※공개 공지·공간 면적 ㎡	※건축선 후퇴면적 ㎡		용량		지번

» 층고와 연식도 합격이다.

핵심 기본 분석 4가지를 모두 통과하였다. 이제 임장을 나가서 축사, 철도, 송전탑 등이 없는지 확인하고 본 매물의 주변 시세를 조사하여 최종 매입 여부를 결정하면 된다.

구분		체크사항	확인사항	참고사항
1. 기본 분석	1-1	자연녹지, 계획관리지역 중 어느 것에 해당하는가?	계획관리 지역(O)	그 외 지역은 패스
	1-2	공장 진입도로 폭은 몇 m인가?	3m(O)	4m 이상. 단, 265㎡ 미만은 상관없음
	1-3	공장 건물 준공연도는?	2019년(O)	5년 이내. 단, 2차선 변은 연식 상관없음
	1-4	공장 층고는 처마 기준 몇 m 인가?	7m(O)	최소 6m 이상

≫ 기본 분석 체크리스트

실전 일반 물건 분석 3

마지막 물건을 보도록 하자. 해당 매물도 화성시 향남읍에 위치해 있으며 기타 사항은 앞서 말한 내용과 같다. 물건 개요를 살펴보면 토지 1,054㎡(318평), 건물 384㎡(116평)이며 도로 지분 72㎡(21평)를 포함하고 있다. 매매가는 3.3㎡당 310만 원이다. 도로 지분이 있는 것으로 보아 본 물건도 사유지를 통해 진입하는 것을 알 수 있다.

위치	화성시 향남읍	매매가	9억 8,500만 원 (3.3㎡ 310만 원)
토지	1,054㎡	건물	384㎡
비고	도로 지분 72㎡ 포함. 임차 시 평당 2.7~3만 원		

>> 물건 개요(매매 시 건물분 부가세 별도)

먼저 토지이음에서 용도지역을 조회해보면 계획관리지역인 것을 확인할 수 있다. 용도지역은 합격이다.

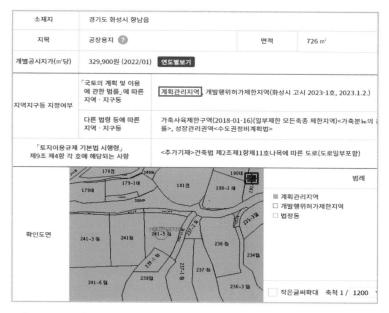

>> 용도지역이 계획관리지역이니 합격이다.

다음으로 도로 폭은 3m로 승용차 한 대가 다닐 수 있는 좁은 도로이다. 도로 폭 기준은 4m 이하인 경우 건물 면적이 265㎡(80평) 이하여야 한다. 본 건물은 384㎡(116평)로 두 번째 요건에서 통과되지 못했다.

>> 공장 면적에 비해 도로 폭이 좁아 탈락이다.

　다음으로 높이(①)와 연식(②)을 살펴보도록 하자. 높이는 9m로 -1.5m를 하면 7.5m가 나오고 여기서 소수점 이하를 절삭하면 처마 기준 7m가 나온다. 연식은 2014년 2월 준공으로 5년이 초과되었다. 높이는 합격이나 준공연도는 불합격이다.

일반건축물대장(갑)		승강기			허가일	2014.7.22.
4159025937-1-02410005		승용	비상용		착공일	2014.8.4.
:화성시 향남읍	지번		대	대		
연면적　　　384 ㎡	※지역　　계획관리지역	※ 하수처리시설			사용승인일	2014.12.4.
용적률 산정용 연면적　384 ㎡	주구조　　일반철골구조	형식			관련 주소	
※용적률　　39.51 %	높이　　　　9 m		기타오수처리시설			
※공개공지·공간 면적　㎡	※건축선 후퇴면적　㎡	용량		2㎡	지번	

>> 높이는 합격이나 준공연도는 불합격이다.

본 매물의 핵심 기본 분석 4가지를 정리하면 용도지역과 층고는 통과되었지만 진입도로와 준공연도가 기준에 충족되지 않았다. 따라서 본 물건은 패스하면 된다.

구분		체크사항	확인사항	참고사항
1. 기본 분석	1-1	자연녹지, 계획관리지역 중 어느 것에 해당하는가?	계획관리 지역(O)	그 외 지역은 패스
	1-2	공장 진입도로 폭은 몇 m인가?	3m(X)	4m 이상. 단, 265㎡ 미만은 상관없음
	1-3	공장 건물 준공연도는?	2014년(X)	5년 이내. 단, 2차선 변은 연식 상관없음
	1-4	공장 층고는 처마 기준 몇 m 인가?	7m(O)	최소 6m 이상

>> 기본 분석 체크리스트

지금까지 4대 요건을 통해 실제 일반 매물로 나온 공장들을 분석해보았다. 나와 내 제자들 역시 이 핵심 기본 분석을 이용해 많은 공장을 매입했고, 현재 월세를 받으며 성공적인 투자를 이어가고 있다.

이제 핵심 기본 분석 4가지를 배웠으니 물건을 보는 자신만의 기준이 생겼을 것이다. 다만 이 기본 분석을 이용하기에 앞서 참고할 사항이 있다. 기본 분석 요건은 대한민국 공장 시장의 메카 '경기도 화성시' 기준이다. 따라서 신축 공급이 일정하게 이뤄지는 지역에선 그대로 적용 가능하나, 반대인 경우 준공연도 등은 조정해서 사용해야 한다. 경기도 기준 신축 공급이 활발한 지역은 화성, 김포, 양주, 포천, 광주 등지이며 그 외 지역은 신축 공급이 많지 않다. 지방 역시 신축 공급이 자주 이뤄지지 않기에 임장 시 준공 후 몇 년까지 임대·매매가 잘되는지 파악하여 기본 요건을 조정한 뒤 사용하도록 하자.

마음 편한 투자를 하는 방법

투자를 할 때 투자자에게 가장 스트레스를 주는 요인은 바로 '변동성'이다. 변동성이 큰 자산일수록 보유하고 있는 동안 다양한 심리 상태를 경험하게 된다. 나 역시 과거 주식 등 변동성이 큰 자산에 투자했을 때 잠 못 이루는 밤을 보낸 적이 많았다. 심지어 그날그날 시세 변동에 따라 나의 기분이 좌우지되는 좋지 않은 경험까지 했다. 이런 이유로 늘 마음 편한 투자에 대한 갈망이 있었다. 보유하는 동안 크게 신경 쓰지 않고 안정적으로 우상향하는 자산을 매입하고 싶었다.

그러던 중 토지와 공장 투자가 상대적으로 시세 부침이 덜하다는 사실을 알게 되었다. 주변에 수소문해보니 보유하고 있는 토지나 공장 값이 떨어져 스트레스를 받고 있는 사람은 거의 없었다. 토지나 공장은 상대적으로 하방 경직성이 강했다. 일반적으로 잘 떨어지지 않고 대부분 부자가 소유하고 있기에 급매가 잘 나오지 않는 특징이 있었다.

아래는 2000년 1월~2023년 5월까지 서울, 경기, 전국의 토지 가

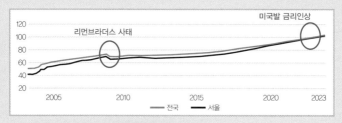

>> 토지 가격지수(출처: 한국부동산원)

격지수를 나타낸 그래프이다. 참고로 공장 가격지수는 아직 공식 통계로 발표되고 있지 않다. 그러나 정확히 토지 가격과 연동되어 움직이기에 토지 가격지수를 공장 가격지수라고 봐도 무방하다. 그래프를 보면 지난 23년간 2008년 리먼브라더스 사태 때를 제외하곤 특별히 하락한 기간이 없으며, 안정적으로 우상향하는 형태를 띠고 있는 걸 볼 수 있다. 2022년 하반기 미국발 금리 인상의 본격적인 영향으로 하락장이 시작되었지만, 큰 하락 없이 토지 가격지수는 보합 수준에 머물고 있다(실제 현장에선 최근 호가가 다시 상승하는 분위기이다 [2023년 8월 기준]).

이처럼 토지와 공장에 투자하면 하락에 대한 염려 없이 마음 편한 투자가 가능하다. 나 또한 토지와 공장에 본격적으로 투자한 이래로 큰 스트레스 없이 수익을 내고 있다.

투자 시장에서 성공하기 위해선 시장을 떠나지 않는 게 무엇보다 중요하다. 큰돈은 실력으로 버는 것인데 시장을 떠나면 투자 실력을 쌓지 못하고 돈 되는 매물을 마주칠 기회까지 사라져 버린다. 결국 마음 편한 투자를 해야 시장을 떠나지 않고 오래도록 살아남아 달콤한 수익을 맛볼 수 있다. 그렇기에 투자로 돈을 벌고 싶다면 변동성이 큰 자산을 매입해 단기간에 부자가 되려는 욕심을 버려야 한다. 이런 유형은 대부분 결말이 좋지 않다. 따라서 실력을 쌓고 변동성이 작으면서 안정적으로 우상향하는 자산에 투자해야 한다. 그리고 모아가야 한다. 그래야 마음 편한 부자가 될 수 있다.

16

공장 경매로
수익
극대화하기

공장 경매를 해야 하는 이유

공장 경매를 해야 하는 이유는 크게 다음과 같다.

첫째, 저렴하게 살 수 있다. 공장은 대중화된 종목이 아니기에 투자자가 잘 진입하지 않으며 실사용자가 주를 이룬다. 투자자가 아직까지 진입하지 못하는 이유는 선입견 때문이다. 특히 투자금이 많이 들어가고 어렵다고 생각한다. 더불어 일반 대중을 대상으로 한 공장 투자 강의가 전무해서이기도 하다. 이런 이유로 입찰 경쟁률이 타 종목 대비 낮고 경기 불황이 오면 실사용자 대부분이 입찰을 꺼리기에 저렴한 금액에 낙찰받기가 쉬워진다.

둘째, 대출 때문이다. 일반 매매로 공장 매입 시 대출은 보통 매매가의 60~70% 수준으로 받을 수 있다. 그러나 매매가 대비 감정평가 금액이 낮게 나왔을 경우 대출 비율은 더욱 낮아진다. 투자자라면 내 실투자금을 최소화하는 게 가장 중요한데, 때에 따라 실투자금이 많이 묶이는 상황이 발생한다. 그러나 경매를 통해 낙찰받게 되면 감정가를 넘기지 않을 시 최대 90%까지 가능하다. 여기에 임차를 놓아 보증금까지 회수한다면 내 실투자금은 더욱 줄어들게 된다. 더불어 경매로 매입하게 되면 건물분 부가가치세를 별도로 납부하지 않아도 된다. 물론 일반 매매 시 건물분 부가세는 돌려받는 돈이긴 하지만 일시적으로 자금이 묶이는 것을 방지할 수 있다.

셋째, 기계, 기구를 매각하여 추가 수익을 얻을 수 있다. 공장 경매 시 감정가에 기계, 기구가 포함된 경우 낙찰자는 이를 함께 취득한다. 보통 제조업에서 사용하는 기계, 기구는 금액이 비싼데 이를 취득하여 중고 기계 매매상에게 매각할 경우 추가 수익을 얻을 수 있다. 혹여 기계가 너무 오래되어 중고로 매각이 불가하다면 고물상에 고철 값을 받고 팔아도 된다. 이 부분을 모르고 공장 경매를 하면 내부에 기계, 기구들이 폐기물로 보인다. 반대로 이를 매각하여 추가 수익을 낼 수 있다는 것을 알면 관점이 달라진다. 따라서 공장 경매 시 기계, 기구가 많다고 해서 겁먹지 말고 모두 추가 수익을 낼 수 있는 소중한 물건이라고 생각하자. 그러면 더욱 즐겁게 공장 경매를 할 수 있을 것이다.

공장 경매 시 주의점

공장 경매 시 주의할 점은 다음과 같다.

첫째, 폐기물을 조심해야 한다. 우리는 뉴스를 통해 공장에 폐기물을 가득 버리고 야반도주했다는 기사를 종종 보곤 한다. 실제 경매 물건 임장을 가보면 폐기물이 쌓여 있는 공장을 마주치는 경우가 있다. 이는 폐기물을 합법적으로 처리하는 공장이 경매로 나오는 경우도 있고, 반대로 불법으로 폐기물을 쌓아 놓고 경매로 넘어간 케이스도 있기 때문이다. 그럼 폐기물이 쌓여 있는 경매 물건은 어떻게 접근해야 할까?

일단 초보라면 폐기물이 쌓여 있는 경우 과감히 패스해도 좋다. 일반 물건만 투자해도 충분히 수익을 낼 수 있기 때문이다. 그러나 투자 경험이 많고 폐기물만 치우면 수익이 나는 확신 있는 물건을 만났다면, 큰 틀에서 다음과 같이 진행하면 된다. 우선 입찰 전 폐기물 처리업체 3~4곳의 견적을 받아보도록 하자. 이후 합리적이라고 생각되는 금액을 정하고 '입찰가+처리 비용'을 계산하여 이 금액이 시세 이하인 경우 입찰을 긍정적으로 검토해보면 된다. 더불어 시청 담당 공무원을 만나 해당 물건과 관련한 민원이 접수된 게 없는지, 언제부터 적재되어 있었는지 등 기타 입찰에 필요한 추가 정보를 얻을 수 있는지 확인해보도록 하자.

둘째, 기계, 기구 감정 비율이 높은 물건은 대출이 적게 나온다.

일반적인 공장은 '토지+건물'로 계산하여 감정평가액이 결정되나 기계, 기구가 포함된 경우 '토지+건물+기계, 기구'로 이뤄진다. 만약 후자로 구성된 물건을 낙찰받게 되면 일반적으로 인정하는 담보비율(LTV)에서 기계, 기구 비율만큼 뺀 뒤 대출 금액을 산정해야 한다.

조금 더 쉽게 얘기해보자. 토지 5억 원, 건물 3억 원, 기계, 기구 2억 원 합계 10억 원으로 감정평가가 된 공장이 있다고 하자. 그럼 10억 원에 최초 입찰이 시작될 것이다. 시간이 흘러 한 차례 유찰되어 만약 9억 원에 낙찰된 경우 은행에서 인정하는 담보비율(LTV)은 낙찰가의 90%가 아닌 기계, 기구 비율 20%를 뺀 70%를 적용받게 된다.

이렇게 되면 결과적으로 현금 투입이 늘어난다. 공장 경매 물건을 보면 기계, 기구가 많이 잡힌 물건이 가끔씩 나온다. 만약 이를 모른 채 낙찰받았다면 대출이 계획보다 덜 나와 자금 계획이 틀어질 수 있다. 따라서 공장 경매 시 기계, 기구가 많이 잡힌 물건은 이 점을 염두에 두고 입찰에 참여해야 한다.

> 대출 가능 금액 = 낙찰가 또는 감정가 중 낮은 금액
> ×(80~90%-기계, 기구 감정 비율)

셋째, 지방 중소도시 물건은 주의해야 한다. 공장 경매 시 수도권 대비 지방은 평균 낙찰가율이 훨씬 낮다. 이는 초보자가 봤을 때 기회의 요인으로 보이기도 한다. 그러나 지방 중소도시는 수요가 적어 특히 조심해야 한다. 잘못 낙찰받으면 임대·매매가 되지 않아 이자만 납부해야 하는 상황이 장기간 지속될 수 있다. 이것만큼 스트레스 받는 일도 없다. 개인적으로는 수요가 없는 곳에 부동산을 싸게 매입하는 것보다 적정 수요가 있는 곳에 적정 시세대로 매입하는 것을 더욱 추천한다. 그래야 팔고 싶을 때 팔고 임대도 잘 맞춰져 보유하는 기간 동안 스트레스 없이 임대 사업이 가능하다. 또한 지가도 매년 안정적으로 오른다.

따라서 싸게 받을 수 있다고 무작정 지방 중소도시 공장 입찰을 하지 말자. 늘 수요 관점에서 충분히 조사한 뒤 투자 여부를 결정하도록 하자. 지방이라면 5대 광역시 인근까지 추천한다. 결국 공장도 수요가 핵심이다.

공장 경매 물건 조사하는 방법

공장 경매라고 해서 조사하는 방법이 다를 건 없다. 앞서 배운 체크리스트를 그대로 활용해 조사하면 된다. 다만 경매 물건 시세조사 시 큰 틀에서 2가지 방법이 있는데, 이에 대해 살펴보도록 하겠다.

첫째, 공장이 밀집되어 있는 곳에 경매 물건이 나온 경우이다. 이때는 주변과 비교할 수 있는 매물이 많아 현재 나와 있는 매물을 최대한 많이 봐야 한다. 이후 경매 물건과 비교하여 시세를 유추하면 된다. 즉 '탑다운' 방식이라 할 수 있다. 손품, 발품을 최대한 많이 팔아 매물을 많이 볼수록 경매 물건의 가치가 또렷이 보인다. 더불어 조사한 물건을 지도 위에 다음과 같이 맵핑하여 본다면 훨씬 직관적인 시세 파악이 가능하다. 만약 물건을 어느 정도 보았다고 생각했는데 경매 물건의 가치 판단이 잘 안 된다면 이는 임장이 덜 된 것이다.

》 시세 맵핑할 매물 수가 많을수록 정교한 시세 조사가 가능하다.

둘째, 공장 밀집도가 떨어져 비교할 수 있는 매물이 거의 없는 지역인 경우다. 지방 소도시 인근에서 주로 볼 수 있다. 이때는 매물 자체가 없어 비교가 어렵기 때문에 탑다운이 아닌 '바텀업' 방식으로 접근해야 한다. 즉 비교할 수 있는 매물을 찾기보다는 공인중개사 사무소에 방문하여 경매 물건을 콕 짚어 얘기하면서 시세를 유추해 나가야 한다. 이때 실사용자 컨셉은 맞지 않기에 경매 조사라고 솔직히 얘기하는 게 좋다. 한 가지 참고할 사항은 이 지역들은 거래 사례가 많지 않기 때문에 소장님들도 정확한 시세를 모르는 경우가 있다는 것이다. 따라서 큰 틀에서 조사를 마쳤다면 보수적인 금액으로 접근하도록 하자.

》 공장 비(非)밀집지역 내 경매 물건. 비교할 수 있는 매물이 거의 없다.

낙찰 후 폐기물 처리하는 방법

앞서 말했지만 공장 경매 시 폐기물을 유의해야 한다. 폐기물의 종류는 크게 생활 폐기물, 건설 폐기물, 산업 폐기물 등으로 나뉜다. 공장 경매를 하다 보면 다양한 형태의 폐기물이 존치되어 있는 것을 볼 수 있다. 이러한 폐기물의 발생 원인은 공장 소유주가 사업 운영 시 발생한 폐기물을 직접 처리하지 않고 그대로 방치했기 때문이다. 사실 일반 매매시장에선 폐기물 처리와 관련된 문제가 발생하지 않는다. 폐기물이 혹여 있더라도 대부분 잔금 전 매도인이 깨끗이 치운 상태로 잔금을 주고받기 때문이다. 결국 문제가 되는 것은 경·공매 입찰 시 폐기물이다.

국내 폐기물관리법에 따르면 공장 등 사업장에 적치되어 있는 폐기물은 낙찰자가 처리 의무를 가진다. 만약 낙찰자가 비용을 들여 처리했다면, 기존 소유주에게 청구하는 것도 가능하다. 그러나 이미 경매까지 넘어간 상황이다 보니 비용을 이전 소유주에게 받는 게 쉽지 않다.

● 폐기물관리법 제17조 ●

⑨ 「민사집행법」에 따른 경매, 「채무자 회생 및 파산에 관한 법률」에 따른 환가(換價)나 「국세징수법」·「관세법」 또는 「지방세징수법」에 따른 압류재산의 매각, 그 밖에 이에 준하는 절차에 따라 사업장폐기물배출자의 사업장 전부 또는 일부를 인수한 자는 그 사업장폐기물과 관련한 권리와 의무를 승계한다.

≫ 폐기물이 많아도 비용만 지불하면 모두 치울 수 있다.

공장 경매 물건을 검색하다 보면 위 사진과 같이 폐기물이 적치되어 있는 물건을 볼 수 있을 것이다. 이러한 폐기물을 처리하기 위해선 전문 업체에 의뢰해야 한다. 사실상 개인이 처리하는 것은 불가능한데, 처리하는 방법이 모두 법으로 정해져 있기 때문이다. 전문 처리업체를 찾는 방법은 간단하다. 네이버에서 '화성 폐기물 처리', '전주 폐기물 처리', '부산 폐기물 처리' 등으로 검색해 나온 업체에 컨택하면 된다. 당연히 물건지 인근 업체를 찾아야 한다. 이후 견적을 받고 마음에 드는 업체를 선택하면 된다. 대부분 지역별로 검색하면 상당히 많은 업체를 확인할 수 있을 것이다.

폐기물 처리 비용은 보통 1톤 차량에 싣는 것을 기준으로 50만 원 내외에 시세가 형성되어 있으며, 작업 환경에 따라 집게차가 별도로 필요할 경우 추가 요금이 붙을 수 있다. 따라서 폐기물 종류 및 현장별로 비용이 상이할 수 있으니 인테리어처럼 여러 업체에 견적을 받는 게 가장 좋다.

경매 입찰 시 폐기물이 있는 경우 한 가지 주의할 점이 있다. 바로 입찰 전 처리 비용에 대한 견적을 미리 받아야 한다는 것이다. 만약 '낙찰가+처리 비용'이 시세를 넘는다면 이는 잘못된 투자를 하게 된 꼴이다. 생각보다 폐기물 처리 비용이 많이 나오기 때문에 입찰 전에 명확한 금액에 대한 견적을 받아야 한다. 폐기물이 있는 공장은 대부분의 투자자가 기피한다. 따라서 내가 처리 방법만 잘 숙지하고 있다면 경쟁 없이 수익을 내기 좋은 물건 유형 중 하나라고 할 수 있다.

낙찰 후 기계, 기구 처리하는 방법

경매를 통해 공장을 낙찰받게 되면 건물 내부에 사용하던 기계, 기구가 남아 있는 경우가 있다. 그렇다면 내부에 기계, 기구가 있을 경우 무조건 낙찰자 소유 물건으로 자유롭게 처분이 가능할까? 아니다. 낙찰 후 기계, 기구를 마음대로 처리하기 위해선 소유권을 확보해야 한다.

공장 경매 시 기계, 기구에 대한 소유권을 확보할 수 있는지에 대한 여부는 감정평가 목록을 보면 쉽게 알 수 있다. 오른쪽 사진에서 보는 바와 같이 토지 및 건물 외 기계, 기구가 별도로 표기되어 감정평가 목록에 포함되어 있다면 낙찰자가 소유권을 취득할 수 있다. 반대로 감정평가 목록에 기계, 기구 항목이 별도로 감정되어 있지 않다면 리스 또는 제3자 소유의 기계, 기구라고 생각하

목록		지번/토지이용계획/용도/구조/면적	감정가	비고
토지	1	청천리 공장용지 2390㎡ (722.98평) [토지이용계획] 배출시설설치제한지역	일반공업지역	제1종 지구단위계획구역	기반시설부담구역	가축사육제한구역	완 충녹지	1,775,770,000 743,000(원/㎡)	
	2	청천리 403 전 1597㎡ (483.09평) [토지이용계획] 배출시설설치제한지역	일반공업지역	자연녹 지지역	도로구역	제1종지구단위계획구역	기반시설부담구 역	가축사육제한구역	광로2류(폭 50m~70m)	완충녹지	790,515,000 495,000(원/㎡)	
		제시외 창고 78㎡(23.6평)	19,610,000	
건물	3	청천리 [서부로396번길 43] 총 1층 공장 1026.4125㎡(310.49평) 실험실 53.025㎡(16.04평) 부속1종(사무실) 146.58㎡(44.34평) 부속2종(사무실) 170.72㎡(51.64평)	387,354,898 277,328(원/㎡)	보존등기:1996.01.08 [일괄감정]
		제시외 : 공장일부 128.5㎡(38.87평), 차양 11.2㎡(3.39평), 창 고 86.9㎡(26.29평), 기계실 16.3㎡(4.93평), 계단실등 60㎡(1 8.15평), 차양 87㎡(26.32평)	78,225,700 200,630(원/㎡)	
		제시외 : 제시외 기계기구	291,960,000	
		공장	757,540,598	

》 감정평가 목록에 포함된 기계, 기구

면 된다. 이 경우 낙찰자는 소유권을 취득할 수 없으며 해당 기계, 기구 소유자와 별도로 명도 협의를 해야 한다.

그렇다면 공장을 경매로 낙찰받았는데 소유권을 취득한 기계, 기구가 건물 내부에 있을 경우 어떻게 처리해야 할까? 공장 한 편에 있는 먼지 쌓인 기계, 기구는 처리 방법을 아는 사람에겐 돈이 된다. 그러나 모르는 사람에겐 쓰레기로 보일 수밖에 없다. 기계, 기구는 보통 철로 이뤄져 있다. 철은 자원이기에 자원 순환 개념으로 접근하면 돈이 된다.

공장 내 기계, 기구를 처리하는 방법은 크게 2가지이다.

첫째, 공장 내 기계, 기구가 상품성이 있을 경우 중고 기계업자

>> 경매 목록에 포함된 기계, 기구

에게 매각하면 된다. 실제 내 제자 중 경매로 공장을 낙찰받아 내부에 있는 기계, 기구를 업자에게 매각하여 약 4,000만 원의 수익을 별도로 올린 경우도 있었다. 따라서 낙찰 후 내부에 기계, 기구가 있다면 중고업자에게 의뢰하여 매각 가격에 대한 견적을 받은 뒤 팔면 된다.

업자를 찾는 방법은 검색 사이트를 이용하면 된다. 검색 사이트에 접속하여 '중고 기계 매매', '중고 기계 매입' 등으로 검색하면 전국에 중고 기계 매매를 업으로 하는 다양한 업체를 찾을 수 있다. 이 업체에 의뢰하여 내가 소유권을 취득한 기계에 대한 매입 견적을 받은 뒤 가장 높게 부르는 업체에 팔면 된다. 대부분 사진만 찍어서 보내도 어느 정도 견적을 받을 수 있기에 막상 해보면 생각보다 쉽다. 큰 틀에서 중고차를 파는 것과 비슷한 개념이라고 이해하면 된다.

둘째, 고철업자에게 매각하는 방법이다. 고철업자도 검색 사이트를 이용해 찾으면 된다. 검색 사이트에 접속한 후 '고철 매입', '고철 매각' 등으로 검색하면 전국에 있는 다양한 업체가 나올 것이다. 그럼 앞서 기계, 기구를 매각하는 것과 같은 방식으로 여러 업체에 컨택한 후 가장 비싸게 매입하는 업체를 선택해 진행하면 된다. 참고로 철 시세는 kg당으로 계산하며 시기에 따라 가격은 변동한다. 따라서 철 시세가 높은 시기에 팔면 더 높은 금액을 받을 수 있을 것이다.

정리하면 기계, 기구를 낙찰로 취득한 경우 중고 기계업자에게 먼저 매각을 의뢰한 뒤 불가한 경우 고철업자에게 팔도록 하자. 대신 한 가지 주의점이 있다. 만약 매각 순서가 바뀌어 고철업자에게 먼저 의뢰했다면 값비싼 기계, 기구들도 시장 가치와 상관없이 단순하게 고철 값으로만 가져갈 수 있다. 따라서 순서가 바뀌지 않도록 중고 기계업자에게 먼저 의뢰해야 함을 잊지 말자.

공장 경매 감정일을 유심히 봐야 하는 이유

경매는 절차상의 이유 때문에 감정이 된 지 오랜 시간이 지나고 최초 입찰기일이 잡히는 물건이 있다. 공장도 여기에 해당한다. 최초 감정일로부터 첫 입찰기일이 짧게는 1년, 길게는 3년 이상 시간을 두고 시장에 나오는 물건들이 있다. 여기서 우리는 한 가지 투자 포인트를 발견할 수 있다.

공장 시세는 토지가와 완벽하게 연동되어 있다고 배웠다. 토지

가격은 시간이 지나면 자연스레 우상향하는 특성을 갖고 있고 토지 가격이 오르면 공장 매매가도 같이 오른다. 그렇다면 감정이 예전에 된 공장 물건은 분명 현재 시점보다 가격이 저렴할 확률이 높을 것이다. 그렇기에 최초 감정일자와 첫 입찰기일을 비교해서 시간이 오래 지난 물건은 첫 회에 입찰을 고려해도 좋다.

다음 사례를 보자. 경기도 화성시에 위치한 공장 물건이다. ①번을 보면 가격(감정) 시점이 2020년 12월 17일 날짜로 기재되어 있는 것을 확인할 수 있다. 다음으로 ②번을 보면 입찰기일이 2023년 7월 13일자로 가격 시점과 2년 이상 차이 나는 것을 확인할 수 있다. 본 물건의 감정 가격은 2020년 12월 기준 평당 192만 원에 책정되었다. 그러나 2023년 7월 기준 해당 공장의 평균 시세는 평당 300만 원이 넘어간다. 2차선에 접해 있고 2021~2022년 사이 주변

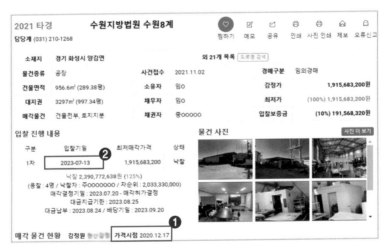

≫ 감정일을 유심히 보자. 상대적으로 가격이 저렴할 확률이 높다.

토지 가격이 상당히 많이 올랐기 때문이다.

해당 물건은 입찰 당일 4명이 들어와서 평당 약 240만 원 수준에 낙찰되었다. 만약 시세를 모르는 사람이면 낙찰가율 125%만 보고 의아하게 생각할 수도 있다. 그러나 해당 지역의 시세를 알고 감정 시점에 대한 기준을 알고 있었다면 낙찰가율 125%의 의미를 혼동하지 않았을 것이다.

이처럼 공장 경매는 감정 시점에 따라 수익을 낼 수 있는 투자 포인트가 존재한다. 일반적인 지역이라면 최소 1~2년 이상의 기간을 두고 토지 가격이 상승하지만, 호재가 있고 투자 수요가 몰리는 지역은 단기간에 지가가 오른다. 이런 지역은 감정가를 시작가의 개념으로 접근해야 한다. 따라서 내가 투자하고자 하는 지역의 호재와 시세 변화를 평소 잘 관찰하면 남들이 보지 못한 기회를 잡을 수 있을 것이다.

결국 부동산은 하락하지 않는다

부동산 가격은 단기적으로 수요와 공급에 의해 결정되지만, 장기적으론 상승할 수밖에 없다. 이유는 간단하다. 화폐 가치가 하락하기 때문이다. 부동산 가격이 오른다는 것은 본질적으로 화폐 가치가 떨어졌다는 얘기이다. 그렇다면 화폐 가치 하락은 왜 발생할까? 바로 자본주의 사회는 통화 공급량을 늘려 성장하는 구조이기 때문이다. 즉 시중에 돈을 계속 풀고 투자와 소비를 촉진시켜 성장한다. 통화량을 늘려야만 하는 것이 자본주의의 숙명이다.

통화량은 한 나라의 경제에도 미치는 영향이 매우 크다. 만약 통화량이 부족하면 경제성장률은 낮아지고 투자와 소비가 감소하는 등 경제활동이 위축될 우려가 높아진다. 반대로 통화량이 너무 많이 증가하면 인플레이션이 발생해 물가와 자산 시장을 자극한다. 이에 따라 정부와 금융당국은 늘 경제 상황에 맞춰 통화량을 적절하게 증가시켜 국가성장률을 유지하고 인플레이션을 관리한다.

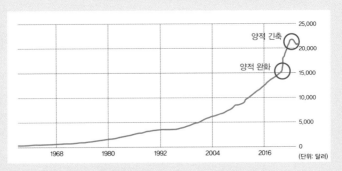

》 미국 통화 공급량 M2(출처: tradingeconomics.com)

왼쪽은 미국 통화 공급량 지표이다. 1950년대부터 현재까지 시중에 풀린 돈의 양을 그래프로 나타낸 것이다. 코로나 시기에는 양적 완화를 통해 돈을 많이 풀었다. 그래서 이후 풀린 돈을 회수하기 위해 양적 긴축을 했는데 이것을 제외하고는 지금까지 단 한 번도 돈의 양이 줄지 않았다. 오히려 그래프에서 보듯 일시적인 감소세를 벗어나 다시 돈의 양이 늘고 있다.

다음으로 아래는 대한민국의 통화 공급량 지표이다. 1970년대부터 현재까지의 돈의 양을 그래프로 나타낸 것이다. 미국과 다르게 코로나 시기가 끝난 이후에도 양적 긴축을 진행하지 않았기에 통화량 감소는 나타나고 있지 않다. 오히려 최근 들어 다시 완만하게 증가하고 있는 모습을 보이고 있다. 대한민국 역시 통화량 집계를 시작한 이래로 단 한 번도 돈의 양이 줄지 않고 계속해서 늘어나고 있다.

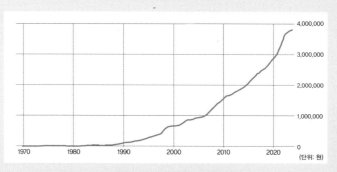

》 대한민국 통화 공급량 M2(출처: tradingeconomics.com)

그렇다면 시중에 계속해서 늘어나는 돈의 양은 우리에게 어떤 영향을 미칠까? 1976년도 당시 신문에 난 압구정동 현대아파트 2차 분양 광고를 보자. 분양가를 자세히 살펴보면 122㎡(37평형)가 990만 원, 158㎡(48평형)가 1,416만 원, 198㎡(60평형)가 1,770만 원에 분양되었다. 현재는 분양가 대비 약 400배 정도 높게 시세가 형성되어 거래되고 있다.

≫ 압구정동 현대아파트 2차 분양 광고

　압구정동 현대아파트는 1976년 분양한 이래로 40년이 지난 지금, 왜 400배 가까이 올랐을까? 세월이 지나면서 건물이 더욱 튼튼해졌을까? 아니면 사람들이 제정신이 아니어서 무언가에 홀린 듯 비싼 값을 주고 사기 때문일까? 당연히 아니다. 결국 시중에 풀린 돈의 양이 많아지면서 화폐 가치가 지속적으로 하락했기 때문이다. 압구정동 현대아파트의 객관적인 가치나 물리적인 형태는 그때나 지금이나 전혀 변함이 없다. 단지 화폐 가치만 하락했을 뿐이다. 그렇기에 그때보다 더 많은 액수를 지불하고 구매해야 하는 게 본질적인 이유다. 이러한 자본주의 사회의 속성을 안다면. 부동산이 올랐다는 표현 뒤에 숨은 의미를 알 수 있을 것이다. 이는 화폐 가치가 하락했다는 의미이기도 하다.

　자본주의 사회에서 거래되는 모든 재화는 수요와 공급 논리에 의해 가격이 결정된다. 돈도 마찬가지다. 시중에 돈의 양이 많아지면 인플레이션이 발생해 화폐 가치는 하락하고 결국 모든 재화를 구매할 때 더 많은 돈을 지불해야 한다. 짐바브웨 사태[*]를 기억하는가? 빵 하나를 사려면 30억 짐바브웨 달러(Z$)를 지불해야 했다. 짐바브웨는 통화량 조절에 실패했기 때문에 화폐 가치가 휴지 조각이 되어버렸다.

부동산은 단기적으론 공급 증가 또는 수요 감소로 약간의 부침이 있을 수 있으나 장기적으로 상승할 수밖에 없다. 자본주의는 성장이 목적이고 성장하려면 돈의 양을 계속해서 늘려야 하기 때문이다. 돈의 양이 늘어나면 당연히 인플레이션이 발생한다. 이는 자산 가격을 자극하고 장기적으로 부동산 가격을 상승시킨다. 이런 이유로 자본주의가 멈추지 않는 한, 시중의 통화량은 계속해서 늘어날 것이다. 그렇기에 우량 부동산을 적정한 가격에 매입해놓아야 한다. 그래야 내가 보유한 화폐 가치를 보존할 수 있으며 장기적으로 우상향할 수밖에 없는 가격 흐름에 올라탈 수 있다.

---

[*] 아프리카에 위치한 국가로, 화폐 발행을 남발하여 돈 가치가 떨어져 살인적인 물가 폭등이 발생하였다. 2008년 10월에 발표한 물가 상승률은 무려 2억 3,115만 퍼센트에 달한다.

17.

공장 임대·매매
계약 절차 및
주의사항

공장 임대·매매 계약 절차 및 흐름

❶ 임대 계약 절차

매물 의뢰 ➡ 조건 협의 ➡ 계약 ➡ 잔금 및 입주

*임대료 부가세 10% 별도

❷ 매매 계약 절차

매물 의뢰 ➡ 조건 협의 ➡ 계약 ➡ 잔금 및 소유권 이전

*매매 계약 시 건물분 부가세 10% 별도

≫ 임대·매매 계약 절차

1. 임대 절차 및 주의사항

공장 역시 일반적인 부동산과 계약 절차가 크게 다르지 않다. 부동산에 매물을 의뢰하고 수요자에게 브리핑을 한 뒤 상호 조건이 맞으면 계약을 하고 입주를 한다.

먼저 임대 계약이 어떻게 진행되는지 자세히 알아보자. 수요자가 공인중개사 사무소로부터 해당 매물에 대해 브리핑을 받고 위치가 마음에 들면, 조건 협의가 들어온다. 보통 협의는 임대료 절충, 추가 시설물 설치, 최종 입주일자 등이다. 만약 임대료 절충 요청이 왔을 경우 공실이 오래됐다면 절충해서라도 입주를 시키는 게 좋다. 그러나 아직 임차인이 있는 상태에서 신규 임차인을 구하거나 이자 납부 여력이 있어 공실에 대한 부담이 없다면 임대료 절충을 거절해도 좋다.

이외에 임대료를 절충하지 않고 렌트프리(Rent free)** 기간을 주는 것도 가능하다. 다만 공장은 상가와 다르게 월세 수익이 매매가에 영향을 미치진 않으니, 상가만큼 월 차임에 대해 민감하게 받아들이지 않아도 된다.

임대료 협의가 완료됐다면 내부 시설물 설치 협의가 필요하다. 이는 상가로 치면 임차인 인테리어라고 할 수 있다. 이 부분도 크

** 협의된 기간 동안 월세를 면제해주는 것을 말하며, 임차인이 받는 혜택으로 이해할 수 있다.

게 어렵게 생각하지 않아도 된다. 일반적인 계약서라면 원상 복구 항목이 있다. 그래서 임차인이 사업 운영에 필요한 시설물을 직접 설치했다면 만기 시 원상 복구를 해야 한다.

마지막으로 최종 입주일자 협의이다. 계약은 5월에 해놓고 입주는 8월에 하려고 하면 임대인 입장에선 입주 전까지 월세를 받지 못해 그 기간 동안 손해를 본다. 따라서 계약일과 실입주일(월세 발생일) 사이에 차이가 길게 날 경우 실입주일과 상관없이 '월세는 언제부터 발생한다.'라고 정하는 게 좋다. 이는 공인중개사 사무소 소장님께 협의를 요청하면 된다.

이외에 참고할 사항은 임대료 외 부가세 10%를 별도로 받아야 한다는 것이다. 임차인 대부분은 개인사업자 또는 법인이기에 세금계산서 발행을 요청하게 된다. 이때 발생하는 부가세는 별도로 받는다.

2. 매매 절차 및 주의사항

다음으로 매매 진행에 대해 살펴보겠다. 매수자가 공장이 마음에 들 경우 조건 협의가 들어온다. 조건 협의는 주로 가격과 입주 가능일자이다. 당연히 매수자로부터 가격 협의가 들어온다. 그렇기에 매물로 내놓을 시 내가 받고 싶은 금액을 그대로 부르지 말고, 협의가 들어올 걸 예상해 가격을 정해 내놓는 게 좋다. 그래야 서로 기분이 상하지 않고 매매가 부드럽게 진행된다. 실무에선 단

돈 몇백만 원 때문에 서로 감정이 상해 계약이 깨지는 일이 자주 발생한다.

만약 임차인이 있는 경우 매도인은 기존 임차인과 먼저 명도 협의를 해야 한다. 투자자가 아닌 실사용자가 입주하고자 하는데, 현 임차인 명도 협의가 안 되었다면 입주일자가 맞지 않아 계약 성립이 어려울 것이다. 따라서 계약 전에 현 임차인 명도 협의를 우선으로 하고, 협의가 완료됐다면 임차인 이사 날짜에 맞춰 최종 잔금일을 협의하면 된다. 물론 공실이라면 명도와 상관없이 잔금일자를 정하도록 하자.

임대 계약 시 필수 특약 모음

이번에는 공장 임차 계약 시 필수 특약을 하나씩 살펴보도록 하자.

• 필수 특약 •

1. 기본 전기는 10kW이며, 이후 승압 비용은 [임차인]이 부담한다.
2. [임차인]은 필요한 시설물을 [임대인] 승낙하에 설치할 수 있으며, 입주 시점 상태로 원상 복구를 전제로 한다.
   - 선 승낙 사항: 컨테이너 및 바닥 배수관, 수도관 설치
3. [임대인]은 임차 건물 중대 하자 발생 시 즉시 수선해주기로 하며, [임차인]은 겨울철 동파 관리 및 소모품에 대해 유지 보수하기로 한다.

---

4. [임차인]은 임차 기간 중 화재보험에 가입 및 유지하기로 한다.

5. 임대료에 관한 부가세는 별도이며, [임대인]은 계산서를 발행해주기로 한다.

6. 입주 및 인허가 등에 관련된 사항은 임차인 책임 및 재량하에 진행하기로 하며, 인허가 불가로 인한 계약 해제 시 위약금은 계약금으로 한다.

1번은 공장에 현재 들어와 있는 전기 용량에 대해 명시하고 있다. 전기 용량은 임차인이 제조 설비 대비 전력이 부족한 경우 비용을 들여 증설할 수 있다. 증설은 임차인의 비용으로 직접 하기에 임대인은 특별히 신경 쓸 부분이 없다. 다만 현재 몇 킬로와트(kW)가 인입되어 있는지 계약 시 알려주기만 하면 된다. 확인 방법은 간단하다. 한국전력(국번 없이 123)에 전화하여 공장 주소를 말한 뒤 계약 전력을 물어보면 상담원이 친절히 알려줄 것이다.

2번에는 임차인이 사업 운영에 필요한 시설물을 설치함에 있어 계약 시점에 임대인이 승낙한 항목을 적어주면 된다. 내부 시설물은 상가로 치면 인테리어 작업이라 할 수 있다. 따라서 계약 완료 시점에 원상 복구를 전제로 하기 때문에 크게 신경 쓸 부분이 없다.

3번은 입주 후 겨울철 동파 관리 및 소모품에 대해 임대인에게 수선 요구를 하지 않는다는 조항이다. 추운 겨울에 동파 관리를 하지 않는다면 수도가 얼어 사용하지 못하는 경우가 발생한다. 이때 재사용을 위해 수리 비용을 임대인에게 청구하지 않겠다는 조항이다. 소모품은 예를 들어 전등이나 화장실 밸브 교체 등을 들 수 있다. 이 항목 역시 임대인에게 수리비를 청구하지 말고 임차 기간 동안 본인 비용으로 고쳐서 사용하란 뜻이다.

4번은 화재보험 특약이다. 공장이 화재로 전소가 됐을 때 보험사로부터 보험금을 받기 위함이다. 공장은 샌드위치 판넬 형태라 화재에 취약하다. 따라서 임차 기간 중 꼭 화재보험에 가입해야 한다는 조항을 넣어야 한다. 참고로 화재보험은 임대인, 임차인 각각 가입하는 것이 좋다.

5번은 세금계산서 발행 부분이다. 임차인 대부분은 개인 또는 법인 사업자이기 때문에 비용 처리를 한다. 따라서 부가세를 별도로 받아야 하며 임대인은 계산서를 발행해주면 된다.

제조업종 중 일부는 사업자등록 외 별도로 인허가를 받아야 한다. 만약 계약 후 인허가 불가로 인해 계약 해제를 요청한다면 임대인은 그 기간만큼 손해를 볼 수밖에 없다. 따라서 계약 시 추가로 인허가를 득해야 하는 업종이라면 6번에 해당 문구를 넣는다.

아래는 한 공장 임대차 계약서의 특약 사항이다. 앞서 설명한 필수 특약이 어떻게 들어갔는지 확인해보자.

● 특약 사항 ●

1. 현 시설물 상태에서 임대차하며, 기타 사항은 민법 임대차보호법 및 부동산 임대차 계약 일반 관례에 따르기로 함.

---

2. 임차인은 위 부동산에 존재하는 선순위 권리(근저당권, 임차권 등)로 인하여 경매 등이 실행될 경우 임차보증금의 전부 또는 일부를 반환받지 못할 수도 있음을 확인한다.

3. 기본 전기는 5kW이며, 이후 승압 비용은 [임차인]이 부담한다. 용수는 [지하수]이다.

4. [임차인]은 필요한 시설물을 [임대인] 승낙하에 설치할 수 있으며, 입주 시점 상태로 원상 복구를 전제로 한다.
   - 선 승낙 사항: 마당 랙(선반) 설치

5. [임차인]은 잔금 납부 전까지 일체의 이삿짐을 옮기지 않기로 한다.

6. [임대인]은 임차 건물 중대 하자 발생 시 즉시 수선해주기로 하며, [임차인]은 겨울철 동파 관리 및 소모품에 대해 유지 보수하기로 한다.

7. 임대료에 관한 부가세는 별도이며, [임대인]은 계산서를 발행해주기로 한다.

8. 계약 종료일로부터 3개월 이전에 연장 또는 해지, 계약 내용 변경 등을 상대방에게 통보하기로 한다(미통보 시 동일한 조건으로 묵시적 자동 갱신됨을 확인한다).

9. 임차인 입주 및 인허가 등에 관련된 사항은 임차인 책임 및 재량하에 진행하기로 한다.

10. 공부상 면적 기준으로 계약서가 작성되었으며, 현장 상황에 따라 실제 점유 면적은 차이가 있음을 확인한다.

11. 월 관리비 3만 원 별도이며, 계약 만기 시 임차인은 정화조 청소 후 퇴거하기로 한다.

12. 임차인은 화재보험 가입 및 유지하기로 한다.

》 공장 임대차 계약서 특약 사항 예시

매매 계약 시 필수 특약 모음

공장 매매 시 일반적인 필수 특약은 다음과 같다. 만약 이외에 협의 문구가 있다면 기입하면 되고, 나머지 일반적인 사항은 민법을 풀어쓴 형태로 기입하면 된다.

● 필수 특약 ●

1. 기본 전기는 10kW이며, 기본 외 전기 승압 시 [매수인]의 비용으로 진행한다.

2. 매매 대금 10억 원 중 토지가액 7억 원, 건물가액 3억 원으로 하며 건물분 부가세 3,000만 원은 별도로 한다.

3. 토지 및 건물 시설 목록은 다음과 같다.
   - 토지: 수면리 ○○-○○(1,209㎡, 공장 용지), 수면리 ○○-○○(19분의 9㎡, 도로 지분)
   - 건물: 수면리 ○○-○○ A동(112.44㎡), B동(112.44㎡), C동(116.09㎡)
   - 시설 목록: 컨테이너 1기, 수변전 설비, 호이스트 3톤 2기

4. 허가받지 않고 시공된 면적은 다음과 같으며, 잔금 전까지 매도인이 양성화 또는 매수인이 인수하기로 한다.
   - 건물 내 중2층[***] 약 66㎡ 사무실
   - 출입구 우측 부분 99㎡ 창고

1번은 임대 계약 시 필수 특약과 마찬가지로 현재 공장에 들어와 있는 전기 용량을 표시해주면 된다. 일반적으로 매매 시 전기 용량 자체가 큰 영향을 미치지 않는다. 그러나 비용을 들여 승압해야 하는 부분이다 보니 정확히 명시하지 않으면 향후 분쟁의 소지가 될 수 있다.

[***] 2층이 전체 한 층으로 구성된 것이 아니라, 일부(한 편)에만 있는 걸 의미한다.

일반적으로 공장 포함 상업용 건물 매매 시 매매 대금에 부가세는 포함되어 있지 않다. 따라서 2번에는 건물분 부가세를 별도로 한다는 조항을 넣어야 한다. 만약 매매 계약 시 이 문구가 없다면 매도인이 부담해야 하기 때문에 중요한 특약 중 하나라고 할 수 있다. 부가세는 보통 잔금 시 주고받는다. 매수인은 매도인에게 건물분 부가세를 지급하고, 매도인은 매수인 앞으로 세금계산서를 발행해주면 된다. 이후 매도인은 지급받은 부가세를 납부하고 매수인은 이를 다시 환급받는다.

3번에는 매매 목록을 정확히 기입한다. 공장은 대부분 여러 필지로 구성되어 있어 매매 목록을 정확히 기입하는 것이 중요하다. 이 부분은 계약서 작성과 관련한 부분이라 공인중개사 사무소에서 잘 처리해주겠지만, 혹여 필지가 다수인 경우 실수할 여지가 있다. 따라서 정확한 필지를 알고 있다면 크로스 체크를 해보고, 만약 모른다면 전체 합산 면적이 맞는지 정도만 체크해보도록 하자.

4번은 불법 증축 공간에 관한 조항이다. 공장은 넓은 필지에 건물을 지은 경우가 많아 소소하게 불법으로 증축해서 사용하는 공간이 많다. 내부적으로 중2층을 불법으로 시공해 창고 또는 사무실 용도로 사용하거나, 건물 외부에 판넬 등으로 소형 공간을 만드는 식이다. 관례상 많이 사용하다 보니 불법에 다들 둔감하지만, 만약 불법 증축된 부분이 있다면 잔금 전까지 매도인이 양성화하는 조건으로 계약을 진행하도록 하자.

아래는 한 공장 매매 계약서의 특약 사항이다. 앞서 설명한 필수 특약이 어떻게 들어갔는지 확인해보자.

• 특약 사항 •

1. 현 시설 상태에서 현장 답사 후 매매 계약이며, 등기 사항 증명서를 확인하고 계약을 체결함.

2. 잔금 시까지의 각종 공과금은 매도자 부담으로 한다.

3. ○○농협 채권최고액 1,008백만 원, 390백만 원 설정 상태의 계약이며, 잔금 시 등기부상 제한물권(근저당 등) 모두 말소해주기로 한다.

4. 본 특약 사항에 기재되지 않은 사항은 민법상 계약에 관한 규정과 부동산 매매 일반 관례에 따른다.

5. 기본 전기는 200kW 인입되어 있는 상태이며, 기본 외 전기 승압 시 [매수인]의 비용으로 승압한다.

6. 건물분 부가세는 별도로 하며, 잔금일에 매수인은 부가세를 지급하고 매도인은 세금계산서를 발행해주기로 한다.

7. 토지 및 건물 매매 목록은 다음과 같다.
   - 토지: 오일리 ○○○-○(1,209㎡, 공장용지), 오일리 ○○○-○(19분의 9㎡, 도로)
   - 건물: 오일리 ○○○-○ A, C동(112.44㎡), B동(112.44㎡), 기타동(6.09㎡)

8. 매도인은 아래 시설물을 매수인에게 조건 없이 양도하기로 한다.
   - 컴프레샤 설비, 냉난방기 설비 일부, 크린룸 시설, 호이스트, 수변전 설비

9. 매수인 입주 및 인허가 등에 관련된 사항은 매수인 책임 및 재량하에 진행하기로 한다.

≫ 공장 매매 계약서 특약 사항 예시

임대인 사업자등록

공장을 실제 사용할 경우 사업자등록증에 임대업과 관련한 업태를 넣지 않아도 된다. 그러나 투자자라면 공장에서 월세를 받고 세금계산서를 발행해야 한다. 그렇기에 사업자등록증상 업태에 반드시 부동산 임대업이 들어가야 한다. 업태를 추가하는 방법은 가까운 세무서에 방문하거나 인터넷 홈택스에 접속하여 셀프로 진행할 수도 있다. 만약 기장을 맡기는 세무대리인이 있다면 위임하도록 하자.

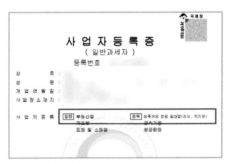

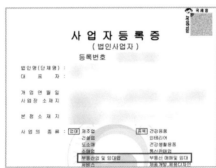

>> 위: 개인사업자, 아래: 법인사업자

임차로 받으면 좋은 업종 vs 안 좋은 업종

공장은 임차인으로 들이기 수월한 업종과 까다로운 업종이 존재한다. 여기서 수월한 업종의 기준은 공장 운영 시 내부 손상이 덜하고 주변에 민원을 발생시키지 않는 것을 이야기한다. 만약 임대인 입장에서 임차인을 받았는데 건물에 손상을 주고 하루가 멀다 하고 주변에서 민원이 들어오게 한다면 마음 편히 임대 사업을 할 수 있을까? 대부분 그렇지 않을 것이다. 그렇다면 임차인이 무슨 업종을 하는지 계약 전 미리 파악하는 방법과 어떤 업종을 한번 더 고민해봐야 하는지 알아보도록 하자.

우선 임차인이 어떤 업종을 하는지 파악하는 방법은 간단하다. 공인중개사 사무소에서 손님을 보여주겠다는 전화가 왔을 때 임차인의 업종을 물어보면 된다. 그럼 "제조업이다." 또는 "단순 창고다." 라는 식의 대답을 들을 수 있을 것이다. 경우에 따라선 반도체, 가구 제작, 레이저 가공 등 임차인의 업종을 세부적으로 얘기할 수도 있는데, 잘 모르면 "제조업이냐?" 또는 "창고로 쓰는 거냐?" 정도로 물어보면 된다. 이후 계약 자리에서 임차인 대면 시 "어떤 거 하시나요?"라고 물어본 뒤 큰 틀에서 업종을 다시 한번 확인하면 된다.

다음으로 계약 시 임차받기 까다로운 업종은 무엇이 있을까? 바로 일반 제조나 창고를 제외한 업종들이다. 일반 제조나 창고는 임차 시 건물의 변형을 주거나 민원 발생의 소지가 적다. 다행히 임차인의 80~90%는 여기에 해당한다. 그렇기에 우리는 10~20%만 주의하면 된다.

그중 특히 자원순환시설이라 부르는 '고물상'을 주의해야 한다. 사실 고물상도 건축물대장상 제조장 또는 공장이 아닌 자원순환시설로 허가가 난 건물에서만 영업이 가능하다. 그러나 허가 여부와 상관없이 제조장, 공장 등에 입주하려는 임차인이 있다. 이는 불법이다. 더불어 가끔 뉴스에서 폐기물을 쌓아놓고 야반도주를 하는 기사가 나오는데, 주로 이 업종에서 발생하는 경우이다.

그리고 식품 및 세탁 공장도 주의해야 하는 업종이다. 이 경우 공장 바닥에 물이 흐르는 관을 매설해야 해서 건물에 손상을 줄 수 있고, 분체 도장은 도료를 분사하기 때문에 주변에 냄새가 퍼져 민원의 소지가 높다. 따라서 지금까지 언급한 업종들을 주의해서 받아야 한다. 공인중개사 사무소에 매물을 의뢰할 때는 "일반 제조나 창고 위주로 넣어주세요."라고 말하거나 "깨끗한 업종 위주로 맞춰주세요."라고 말하는 방법이 있다. 이렇게 하면 공인중개사 사무소에서 의미를 이해하고 손님을 보여줄 것이다. 이런 업종들은 외우려고 하지 말고 향후 공장 임차 시 이 페이지를 보며 그때그때 대응하길 바란다.

임차받기 수월한 업종		임차받기 까다로운 업종	
일반 제조업	**일반 창고**	**자원순환시설(고물상)**	**식품 공장**
– 부품가공	– 공산품 보관	– 고철, 비철	– 김치, 육가공
– 기계제작, 사출	– 기계 보관	– 페비닐, 페플라스틱	– 소스류
– 전자부품 조립	– 식자재 보관	– 헌옷	– 기타 식품 제조
– MCT, CNC 선반	– 가전가구 보관	– 기타 폐기물 수집	
– 기타 제조업	– 기타 창고 용도		
		세탁 공장	**분체도장 공장**

≫ 업종을 잘 확인하고 임차를 받자.

공장 전대차

전대차란 임대인의 동의를 얻어 임차인이 제3자에게 재임대하는 것을 말한다. 공장 계약 시 가끔 전대차 동의를 요구하는 경우가 있다. 보통 공장 전체를 재임대하기보다는 사업 목적상 사업자등록증을 신규로 개설하거나 동업자와 함께 한 곳에서 사업을 하는 경우 전대차 동의를 요구한다. 이때 임대인 입장에서는 전대차 동의를 해줘야 하는지 고민하게 된다. 한 건물에 2개의 사업자등록이 이뤄지기 때문이다.

이 경우 내가 추천하는 방법은 임차인이 본인 명의로 추가 사업자를 내는 경우에는 동의해주고, 임차인 외 제3자가 사업자를 낸다고 할 경우에는 거절하는 것이다. 만약 전대차 동의로 인해 제3자가 들어올 경우 결론적으로 한 건물에 2인의 임차인이 들어오게 된다. 이는 임대인 입장에서는 향후 월세 미납 등으로 명도 진

<u>전 대 차 동 의 서</u>

임대인

임　　대　　인 :　　　　　　　　　　　　　　　(인)

주민(법인)등록번호 :

주　　　　　　소 :

전대인

성　　　　　　명 :　　　　　　　　　　　　　　　(인)

주민(법인)등록번호 :

주　　　　　　소 :

전차인

성　　　　　　명 :　　　　　　　　　　　　　　　(인)

주민(법인)등록번호 :

주　　　　　　소 :

전차 기간

#　　　년　월　일　　～　　년　월　일

부동산의 위치

#

위 부동산에 관하여 임대인은 전대차 계약에 동의함. 단, 전차인에 대한 모든
민형사상의 책임은 전대인에게 있으며 임대인과 전대인(임차인) 계약 종료 시
본 동의서는 자동 종료함.

년　　　　월　　　　일

>> 전대차 동의서 양식

행 시 2인을 상대로 명도 소송을 진행해야 한다. 골치 아픈 상황이 아닐 수 없다. 따라서 전대차는 정답은 없고, 임대인의 성향과 임차인의 상황에 따라 취사선택을 하면 되겠다.

전대차 계약 진행 방식은 간단하다. 임대인이 전대차 동의서 양식에 서명 날인을 해주면 된다. 이후 임차인은 전차인과 임대차 계약서를 작성하고, 사업자등록 시 전대차 동의서를 첨부하면 전차인 앞으로 사업자등록이 완료된다.

공장 전입신고

공장에서도 전입신고가 가능하다. 드물게 임차인이 공장 내에 거주하며 전입신고를 하는 경우가 있다. 공장 전입신고는 건축물대장상 건축물의 종류와 상관없이 내부를 주거용으로 개조하고 실제 생활하고 있다면 가능하다. 이때 3가지 요건을 갖춰야 하는데 씻을 곳, 취사할 곳, 잘 곳의 공간을 확보해야 한다. 이후 공간을 확보한 뒤 주민센터에 신청하면 담당 공무원이 실사를 나와 요건에 부합하면 전입신고를 완료해준다. 만약 계약 시 임차인이 전입신고를 요구할 경우 직접 설치한 주거 공간의 원상 복구만 협의된다면 동의해줘도 크게 문제될 것은 없다.

>> 공장 내 주거 시설 공간

만약 경매 입찰 시 전입신고가 된 임차인이 있는 경우 크게 신경 쓸 필요가 없다. 대부분 기숙사 공간을 직원이 사용하면서 전입신고한 경우이기 때문이다. 일반적으로 회사에선 직원을 위해 기숙사를 무료로 제공한다. 혹여 비용을 받더라도 보증금이 없으며 별도의 임대차 계약서 또한 작성하지 않는다. 그렇기에 설사 매각물건명세서에 대항력 있는 임차인이 있더라도 보증금 및 월세가 없는 조건이기에 낙찰자가 인수해야 할 보증금이 대부분 없다.

더불어 공장이 경매로 넘어갔다면, 이미 회사가 문을 닫았을 것이고 모든 직원이 퇴사한 상황이기에 대항력을 갖추기 위한 전입과 점유 요건을 상실했을 확률이 높다. 따라서 공장 경매 시 대항력 있는 전입 임차인이 있을 경우 가볍게 조사하고 넘어가도록 하자.

공장 투자와 관련된 세금 알아보기

공장은 매수, 매도 과정에서 취득세, 양도세가 발생하며 보유 시에는 재산세, 부가가치세, 소득세가 부과된다. 이는 일반 상가 등을 매입 시 부과되는 세금과 같다. 공장은 주택과 다르게 세법 개정이 자주 이뤄지지 않는다. 따라서 한 번만 공부해놓으면 세법 지식에 대한 부담 없이 투자가 가능하다.

1. 취득 시 납부하는 세금

공장 취득 시 기본 세율은 4.6%이며 취득한 날로부터 60일 이내에 신고 납부해야 한다. 만약 이 기한을 넘기면 납부 불성실 가산세와 무신고 가산세를 추가 부담해야 한다. 그러나 부동산 거래를 할 때 취득세는 잔금과 동시에 납부하기에 가산세가 발생할 여지가 적다.

공장은 과밀억제권역 내 5년 이하 신설 법인을 제외한 개인 및 법인의 경우 취득세 중과가 없으며 보유한 물건의 수와 상관없이 '매매 금액×4.6%'를 일괄 적용받는다. 한 가지 참고할 사항은 공장 매매 시 토지는 비과세이나 건물분에 대한 부가세 10%는 별도라는 사실이다. 이는 잔금 시 매도인에게 지급하고 건물분 계산서를 받은 뒤 향후 국세청에 환급 신청하여 회수하면 된다.

구분		취득세	농어촌특별세	지방교육세	합계세율
6억 원 이하 주택	85m² 이하	1.00%	비과세	0.10%	1.10%
	85m² 초과	1.00%	0.20%	0.10%	1.30%
6억 초과 9억 이하 주택	85m² 이하	1~3.00%	비과세	0.20%	1.2~3.20%
	85m² 초과	1~3.00%	0.20%	0.20%	1.4~3.40%
	85m² 이하	3.00%	비과세	0.30%	3.30%
	85m² 초과	4.00%	0.20%	0.30%	3.50%
주택 및 농지 외		4.00%	0.20%	0.40%	4.60%
주택 신축, 증축 후 부속 토지		4.00%	0.20%	0.40%	4.60%
1세대 4주택 이상 주택		4.00%	0.20%	0.40%	4.60%
원시취득, 상속(농지 외)		2.80%	0.20%	0.16%	3.16%
무상취득		3.50%	0.20%	0.30%	4.00%
농지	매매 신규	3.00%	0.20%	0.20%	3.40%
	매매 2년 이상 자경	1.50%	비과세	0.10%	1.60%
	상속	2.30%	0.20%	0.06%	2.56%

》취득세 과세표준 및 세율(출처: 국세청 '2020 부동산과 세금')

2. 보유 시 납부하는 세금

공장 보유 시 재산세가 부과되며 재산세와 함께 지방교육세 및 재산세 도시지역분이 부과된다. 지방교육세와 재산세 도시지역분은 재산세 과세표준 및 납부세액과 연동되어 있기에 하나의 재산세 개념으로 이해하면 된다. 이외에 지역자원시설세도 있는데 중소형 공장은 대부분 해당되지 않는다.

재산세는 매년 6월 1일 현재 토지와 건물의 등기상 소유주에게 납부 의무가 발생한다. 하반기 2회에 걸쳐 7월은 건물분, 9월은 토지분이 부과되니 고지서를 받은 뒤 납부하면 된다. 참고로 매매 시

6월 1일 전후로 해서 소유권 이전을 앞두고 있는 경우 매도인이라면 가급적 6월 1일 이전에, 매수인이라면 6월 1일 이후에 잔금을 치르는 것이 절세에 있어 유리하다.

대상	납부기한	납부방법	소관기관
건물분 재산세 주택분 재산세 1/2	7월 16일~7월 31일	고지납부	시청. 군청. 구청
토지분 재산세 주택분 재산세 1/2	9월 16일~9월 30일		

>> 재산세 납부 기한(출처: 국세청 '2020 부동산과 세금')

구분	과세대상	시가표준액	재산세 과세표준
주택분	주택과 부속토지	주택공시가격	시가표준액×공정시장가액비율(60%)
건물분	일반건물	지방자치단체장이 결정한 가액	시가표준액×공정시장가액비율(60%)
토지분	종합합산토지 별도합산토지	개별공시지가×면적(㎡)	시가표준액×공정시장가액비율(70%)

>> 재산세 과세표준(출처: 국세청 '2020 부동산과 세금')

3. 임차 시 납부하는 세금

임차 시 납부하는 세금은 부가가치세와 소득세가 있다. 부가가치세는 임대료 외 10%의 금액을 별도로 임차인에게 받으며 임대인은 이를 1년에 2회(상반기, 하반기) 신고 납부해야 한다. 만약 임차계약 시 '부가세 별도'라는 특약이 없는 경우 임대료에 부가세가 포함되는 것으로 해석될 수도 있다. 그러니 특약에 꼭 '부가세 10%'라는 항목을 넣도록 하자.

구분	과세기간	확정 신고대상	확정 신고 납부기간
일반과세	제1기 1월 1일~6월 30일	1월 1일~6월 30일까지 사업 실적	7월 1일~7월 25일
	제2기 7월 1일~12월 31일	7월 1일~12월 31일까지 사업 실적	다음 해 1월 1일~1월 25일
간이과세	1월 1일~12월 31일	1월 1일~12월 31일까지 사업 실적	다음 해 1월 1일~1월 25일

》 부가세 신고 및 납부 방법(출처: 국세청 '신규사업자가 알아두면 유익한 세금정보')

참고로 일반과세자는 4월과 10월에 직전 과세 기간의 납부세액을 기준으로 1/2에 해당하는 세액을 예정고지한다. 그리고 간이과세자는 7월에 직전 과세 기간의 납부세액을 기준으로 1/2에 해당하는 세액을 예정부과한다. 이때 당해 예정고지 부과세액은 다음 확정신고 납부 시에 공제된다.

다음으로 소득세가 있다. 공장 임차 시 개인, 법인 여부에 상관없이 소득세를 납부해야 한다. 주택 임대 소득은 2,000만 원 이하인 경우 분리 과세가 가능하나 공장은 금액에 상관없이 종합 과세가 된다. 개인사업자인 경우 종합소득세는 다음 해 5월 1일~31일 사이에 납부하면 된다. 만약 전년도 신고 금액이 연간 7,500만 원 미만인 임대사업자라면 간편 장부 대상으로 국세청 홈택스 사이트에서 간단히 신고가 가능하며, 7,500만 원 이상이라면 정식 장부를 써야 하는 복식부기 의무 대상자에 해당한다.

4. 양도 시 납부하는 세금

공장 양도세는 간단하다. 주택과 다르게 양도세 중과가 없다. 개인으로 매입 시 취득일로부터 1년 미만 50%, 2년 미만 40%, 2년 이상 일반 세율로 들어간다. 세율 구조상 2년 이상 보유 후 매각해야 절세할 수 있다. 만약 법인으로 매입했다면 양도세가 아닌 법인세를 납부하면 된다. 법인의 경우 기간과 상관없이 즉시 양도해도 2억 원 미만 9.9%, 2억 원 이상 20.9%의 법인세만 납부하면 된다. 더불어 양도 시 건물분 부가세는 개인, 법인 상관없이 발생하는데 이는 매수인에게 받아 납부하기에 매도인은 부담이 없다. 양도세는 양도일이 속하는 달의 말일부터 2개월 이내 주소지 관할 세무서에 예정신고 납부하면 된다.

구분		세율
보유 기간	1년 미만	50%
	2년 미만	40%
	2년 이상	일반 세율

≫ 공장 양도소득세(출처: 국세청 '2020 부동산과 세금')

과세표준	기본세율	누진공제
1,200만원 이하	6%	–
1,200만 원~4,600만 원	15%	108만 원
4,600만 원~8,800만 원 이하	24%	522만 원
8,800만 원~1억 5,000만 원	35%	1,490만 원
1억 5,000만 원~3억 원	38%	1,940만 원
3억 원~5억 원	40%	2,540만 원
5억 원 초과	42%	3,540만 원

≫ 일반 세율(출처: 국세청 '2020 부동산과 세금')

노력으로 운명을 바꿀 수 있다

나는 직업 특성상 부자들을 많이 만난다. 제조업을 운영하며 수백억 원의 매출을 만들어낸 대표님부터, 수천~수만 평 이상의 알짜 땅을 갖고 있는 지주들까지 그 유형도 다양하다. 내가 부자가 되겠다는 꿈을 안고 직장을 퇴사했을 때만 해도, 부자들은 재산을 물려받았거나 편법을 통해 부를 이뤘다고 생각했다. 당시 내 주변엔 부자가 없었고, 주로 언론을 통해 부자들을 바라보는 시각을 갖고 있었기 때문이다.

그러나 실제 부자들을 만나 보니 의외로 자수성가한 사람들이 많았다. 그들과 함께 밥을 먹고 담소를 나누다 보면 자신의 인생 스토리를 얘기해주는 분들이 많았다. 아무래도 당시 내가 어린 나이었기에 좋은 말을 많이 해주고 싶으셨나 보다. 자수성가한 부자들에게는 공통점이 있었다.

첫째, 부지런하다. 자수성가한 부자들은 공통적으로 부지런한 사람들이었다. 단 한 명도 부지런하지 않은 사람이 없었다. 식당과 식자재 유통을 크게 하는 한 대표님은 지금도 직원들보다 일찍 출근하고, 본인 건물 앞마당을 직접 청소한다. 심지어 손님 휴게실에 있는 재떨이 통을 직접 갈고 궂은일도 마다하지 않는다. 금속자재 제조 및 유통을 하는 한 대표님은 아직까지 직접 화물 차량을 몰고 납품을 다닌다. 왜 그러냐고 물어보면 거래처에서 본인이 가면 더 좋아한다고 얘기하신다. 두 분 모두 자수성가하셨고 재산이 100억 원이 넘는다. 그럼에도 불구하고 부지런함을 무기로 끊임없이 움직이고 더 좋은 게 없는지 항상 생각한다. 이것 외에도 부지런함의 끝을 보여주는 자수성가한 대표님들의 사례는 셀 수 없이 많다.

둘째, 실행력이 좋다. 자수성가한 부자들은 생각하고 있는 걸 머릿속에만 담고 있는 상황을 못 견딘다. 생각했으면 크건 작건 계산기를 두드려 보고 바로바로 실행하는 특징이 있다. 사업 확장에서 부동산 투자까지 종류 불문이다. 부자와 빈자를 가르는 가장 큰 기준은 '실행력'의 차이라고 생각한다. 늘 고민만 하고 실행하지 않는 사람은 평생 현실에 안주하며 살 수밖에 없다. 반면 실행한 사람은 실패하면 경험치를, 성공하면 부를 쌓을 수 있다. 결국 시간이 지날수록 실행을 많이 한 사람이 부자에 가까워질 확률이 높다.

마지막 셋째, 자존감이 높다. 자수성가한 부자들은 대부분 자존감이 높다. 그렇기에 사업이나 투자에 있어 '나는 할 수 있다.'라는 생각이 밑바탕에 깔려 있다. 그렇기에 과감히 실행한다. 그리고 문제가 발생해도 그때그때 잘 해결한다. 자존감이 높은 사람을 만나면 눈빛이 살아 있고 희망을 얘기한다. 그래서 대화하고 나면 듣는 이도 자극을 받고 만남 뒤에도 여운이 남는다.

지금까지 자수성가한 부자들의 특징을 살펴보았다. 독자 여러분은 부자가 되기 위해선 좋은 부모와 인맥이 있어야 한다고 생각하는가? 물론 좋은 환경이 도움은 되겠지만, 가장 중요한 것은 '나'다. 내가 준비되어 있어야 부자가 되는 첫걸음을 뗄 수 있다. 환경은 사실 그다지 중요하지 않다.

아쉽게도 지금까지 게으르고, 실행하지 않으며, 자존감이 낮은 사람 중 부자가 된 사람은 단 한 명도 보지 못했다. 혹시 독자 여러분 중 방금 뜨끔한 사람이 있는가? 그러나 걱정할 필요가 전혀 없다. 과거에 내가 조금 부족했더라도, 모두 노력으로 바꿀 수 있는 영역이기 때문이다.

부지런함은 잠을 조금 줄이고 남는 시간을 생산성 있게 보내면 되고, 실행력과 자존감은 당장 할 수 있는 작은 목표부터 세우고 성공 경험을 자주 반복하면 된다. 모두 노력으로 할 수 있다. 나 역시 가난하고 무일푼이던 시절 여러모로 부족했지만 노력을 통해 지금의 자리까지 올라왔다. 만약 그 시절 안주했더라면 하루하루 돈 걱정하는 삶을 살며 자식에게 가난을 유산으로 물려줬을 것이다.

최근 뉴스를 보면 경기 불황, 양극화, 명예퇴직 등이 단골 소재로 등장하는 것 같다. 평범한 이들을 더욱 좌절하게 만들며 희망을 뺏는 것처럼 보인다. 그러나 나는 가진 게 없는 사람도 노력한다면 지금 시대에도 충분히 성공할 수 있다고 생각한다. 살아가는 한, 내가 준비되어 있다면 기회는 계속해서 오기 마련이다. 나는 현재 공장 투자 강의를 하며 제자들을 키우고 있다. 누구나 노력만 하면 공장 투자를 통해 부자가 될 수 있음을 믿기 때문이다.

　　내가 돈을 벌어 보니 돈은 경험과 실력이 쌓일수록 그에 비례해서 벌린다는 사실을 발견했다. 그러니 내가 돈이 좋다고 아무리 쫓아가봐야 소용없다. 내가 준비되지 않았다면, 돈은 더 멀리 도망간다. 돈을 벌기 전에 내가 준비되어 있어야 하고, 준비는 노력을 통해서만 할 수 있다. 그럼 그때부터 돈이 나를 따라오기 시작한다. 그러니 독자 여러분도 노력을 통해 인생, 나아가 운명까지 바꾸길 바란다. 올바른 방향성에 노력을 더한다면 세상에 못할 일이 없을 것이다.

　　마지막으로 이 책이 출간될 수 있게 제안해주신 도서출판 지혜로 송희창 대표님께 진심으로 감사의 말씀을 드린다. 그리고 가족을 위해 평생 헌신하신 양가 부모님과 언제나 나를 믿고 응원해주는 아내 고은, 내 삶의 원동력이 되는 아들 도민, 누나와 매형, 조카 준겸과 해윤에게 고맙고 사랑한다는 말을 전하고 싶다.

부록
공장 투자를 위한 사이트 활용법

지금부터는 공장 투자에 필요한 사이트 이용 방법에 대해 알아보겠다. 공장 투자 역시 손품만 잘 팔면 시행착오를 많이 줄일 수 있다. 다음에 나오는 사이트들은 부동산 투자자라면 대부분 알고 있을 것이다. 다만 공장 투자자 관점에서 어떻게 활용하면 좋을지 살펴보겠다. 새로운 관점에서 볼 수 있는 눈이 생길 것이다.

카카오맵(map.kakao.com)

카카오맵은 네이버 지도와 함께 가장 유명한 위성 지도 사이트이다. 카카오맵을 공장 투자에 적용하기 위해선 몇 가지 기능을 추가적으로 이해해야 한다.

첫째, '지적편집도'이다. 지적편집도는 앞서 배운 용도지역을 지

도 위에 옅은 색으로 색깔별로 구분해줘 한눈에 파악하기 쉽게 도
와준다. 따라서 지적편집도를 보면서 용도지역을 구분해보면 향후
어느 쪽으로 공장(창고) 수요가 몰릴지 파악해볼 수 있다. 이는 토지
투자를 하는 데도 적용할 수 있으니 용도지역을 많이 살펴봐서 익
숙해지도록 하자. 이용 방법은 간단하다. 카카오맵에 접속해 아래
사진에 나오는 ①, ②번을 순서대로 누르면 된다.

≫ 지적편집도 적용 전후 모습

둘째, '행정경계'이다. 공장은 주로 비도시지역에서 위치해 있기 때문에 행정 구역 파악이 익숙하지 않은데, 이 기능을 활용하면 쉽게 확인이 가능하다. 더불어 공장이 어느 행정 구역에 주로 몰려있는지도 육안으로 확인할 수 있다. 확인하는 방법은 지적편집도를 보는 것만큼이나 간단하다. 카카오맵에 접속해 지적편집도 대신 '행정경계'를 누르면 된다.

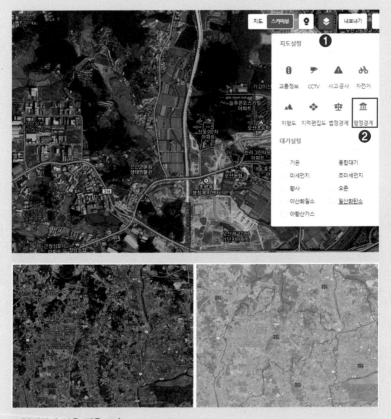

》 행정경계 적용 전후 모습

구글 어스(earth.google.com)

　　구글 어스는 카카오 또는 네이버 위성 지도에서 보안상 보이지 않는 국내의 여러 지역을 볼 수 있다. 특히 김포시, 파주시, 강화군 등은 공장이 밀집되어 있으나 국내 위성 지도로 볼 수 없다. 이때 구글 어스를 통해 해결이 가능하다. 구글 어스를 이용하는 방법은 크게 2가지이다.

　　첫째, 사이트에 접속해 좌측 돋보기(①) 버튼을 누르면 주소 검색이 가능하다. 국내 지도 사이트에서 검색 시 위성으로 확인할 수 없다면 우측 버튼을 클릭하여 주소를 확인 후 구글 어스에 입력하면 쉽게 확인할 수 있다.

　　둘째, 흔히 말하는 로드뷰(②) 기능이다. 구글 어스에 접속해 우측 하단 사람 버튼을 누르면 로드뷰 기능을 확인할 수 있다. 사용 방법은 국내 지도 사이트와 거의 유사하다.

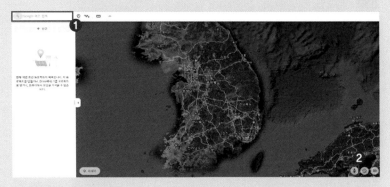

》 구글 어스 사용 모습

개인적으로는 카카오맵, 네이버 지도, 구글 어스에서 제공하는 로드뷰 촬영 시점이 모두 다르기 때문에 3가지를 혼합해 사용한다. 3사의 지도를 혼합해 사용할 경우 신축 건물도 확인할 수 있고, 시기에 따라 어떤 용도로 사용했는지 좀 더 디테일한 체크가 가능하다.

아래 사진은 파주시에 위치한 LCD산업단지의 위성 사진 비교 모습이다. 국내 위성 지도에선 보이지 않는데 구글 어스에선 확인이 가능한 것을 볼 수 있다.

>> 좌: 카카오맵, 우: 구글 어스

네이버 부동산(land.naver.com)

네이버 부동산은 대한민국에서 부동산 투자에 관심 있는 사람이라면 누구나 방문해본 사이트일 것이다. 주로 아파트 시세를 확인하기 위해 많이 방문하는데, 공장 역시 네이버 부동산을 통해 임대·매매 시세를 확인할 수 있다. 이용 방법은 간단하다. 사이트에 접속한 후 ①번 '시군구' 버튼을 클릭한다. 이후 시세 조사를 원하는 지역을 선택하면 지도 화면으로 페이지가 이동한다.

》 네이버 부동산 화면-1

페이지가 이동하면 다음 페이지 사진과 같이 차례대로 ②번을 누른 후, ③번이 체크된 상태에서 ④번 거래방식을 선택하면 된다. 거래방식을 선택할 때 전체를 눌러 임대와 매매 등 모든 물건을 보면 다소 헷갈릴 수도 있다. 이때 월세, 매매를 구분하여 하나씩 클릭하면 월세 또는 매매 물건만 표시된다. 아무래도 모든 조건이 표시된 물건 리스트를 보는 것보다 구분해서 클릭하면 가시성이 높아져 조사가 용이해진다.

>> 네이버 부동산 화면-2

밸류맵(valueupmap.com)

밸류맵은 실거래가 정보를 제공하는 사이트이며 공장 역시 이 곳에서 실거래 확인이 가능하다. 공장 실거래가 정보를 확인하기 위해선 사이트에 접속한 후 좌측 '메뉴' 버튼을 이용하면 된다. 다음 페이지 사진에서 ①번 '방향표' 버튼을 선택한 후 ②번 선택시 '공장/창고'와 더불어 '상업업무'를 같이 클릭해야 한다. 이유는 앞서 배운 것처럼 공장은 까다로운 허가 요건을 피하기 위해 건물 기준 500㎡(151평) 미만은 대부분 1종 근린생활 소매점, 2종 근린생활 제조업소로 건축 허가를 받기 때문이다. 이는 실거래 시 공장으로 잡히지 않고 근린생활시설로 분류되기에 '상업업무'를 같이 클릭해야 한다. ②번까지 클릭했다면 스크롤을 하단으로 내려 최신 연도부터 거래 내역을 선택한 뒤 살펴보면 된다.

>> 벨류맵 화면-1

원하는 거래 조건을 설정한 뒤 실거래 사례를 클릭했다면 오른쪽과 같은 화면이 나온다. 여기서 한 가지 주의할 점이 있다. 실거래 단가를 확인 시 '건물단가(③)'가 아닌 '토지단가(④)'를 확인해야 한다는 것이다. 공장은 철저하게 토지 면적 기준으로 시세가 형성되어 거래된다. 따라서 '건물면적당 단가'로 실거래 금액을 확인한다면 시세 조사가 이상하게 흘러간다.

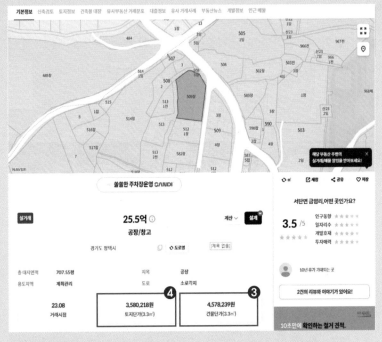

≫ 벨류맵 화면-2

디스코(disco.re)

　　디스코 역시 밸류맵과 마찬가지로 실거래가를 확인할 수 있다. 그렇다면 이런 생각이 들 수 있다. 두 곳 모두 실거래가를 확인할 수 있는데, 사용하기 편한 곳에서 확인하면 되지 않을까? 그러나 여기에서 유의해야 할 점은 밸류맵에서 확인되는 실거래가 정보가 디스코에선 표기되지 않는 경우가 있고, 반대로 디스코에선 확인되나 밸류맵에서 표기되지 않는 경우가 있다는 것이다. 이런 이유로 2가지를 모두 사용해 손품 시 최대한 많은 주변 실거래가 정보를 파악해야 한다.

이용 방법은 간단하다. 사이트에 접속하여 ①번을 누르고 이후 ②, ③번을 같이 선택하면 된다. 이후 스크롤을 하단으로 내리면 거래 연도 역시 선택할 수 있으니 참고하도록 하자.

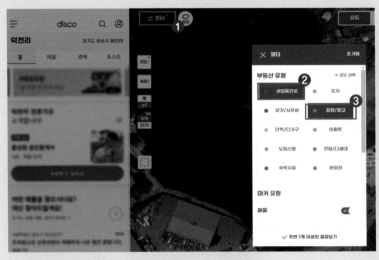

>> 디스코 화면-1

추가로 디스코의 강력한 기능 중 하나는 토지를 하나씩 선택하여 필지별로 면적 및 토지 모양을 확인할 수 있다는 것이다. 이는 공장뿐만 아니라 토지 투자 시에도 상당히 유용하다. 공장의 경우 보통 도로 지분을 갖고 있는 필지가 많다. 그래서 내가 공장을 매입한 경우 공장 부지 외 도로 지분을 어디서부터 어디까지 갖고 있

공장 투자를 위한 사이트 활용법

는지 확인하기 까다로운 부분이 있다. 이때 일반 지도를 이용하여 필지를 하나하나 선택할 경우 한눈에 파악하기 어려운데, 디스코 면적 기능을 이용하면 내가 소유하고 있는 토지 필지를 온전히 한 번에 확인할 수 있다.

이용 방법은 사이트에 접속하여 ④, ⑤번을 클릭한 후 내가 확인하고자 하는 필지를 ⑥번 지도 위에서 하나씩 누르면 된다. 그럼 ⑦번 창에 토지 개별 면적, 공시지가, 합산 면적 등이 보기 쉽게 표시되는 것을 확인할 수 있을 것이다. 더불어 ㎡를 평으로 자동 변환하는 버튼도 상단에 있으니 참고하여 이용하도록 하자.

》 디스코 화면-2

국토교통부에서 운영하는 실거래가 정보 제공 사이트도 있다. 이용 방법은 사이트에 접속하여 공장/창고 등(①)을 클릭한다.

지도 화면으로 화면이 바뀌면 실거래정보를 확인 하고자 하는 지역으로 이동하여 행정구역을 클릭(②)한다.

>> 국토교통부 실거래가 공개시스템 화면-1

그럼 해당 지역의 실거래 정보를 담은 창이 뜨면서 두 번째 사진과 같이 나타나는데 세부조건(③) 설정을 통해 거래시기, 유형, 금액범위 등을 설정할 수 있다. 만약 500㎡ 미만의 제1종근생 소매점, 제2종근생 제조업소 실거래 내역을 확인하고자 할 경우 상업/업무용(④)을 선택하면 된다.

>> 국토교통부 실거래가 공개시스템 화면-2

　　추가로 실거래가 사이트에 강력한 기능이 있는데 바로 ⑤번이
다. ⑤번을 클릭하면 연월별로 실거래가 데이터를 엑셀로 다운받
을 수 있다. 주거용 부동산의 경우 호갱노노, 아실, 부동산지인 등
거래량을 손쉽게 확인할 수 있는 곳들이 많지만, 공장은 아직까지
데이터를 가공하여 소비자에게 보여주는 사이트가 없다. 따라서
엑셀을 다룰 줄 안다면 공장 거래량 엑셀 파일을 다운받아 거래량
지표를 지역별로 만들어 나만의 객관적인 지표로 활용할 수 있을
것이다.

경기부동산포털(gris.gg.go.kr)

이 사이트는 경기도 관내 토지 및 공장 투자 시 상당히 유용한 사이트이다. 디스코의 면적 합산 기능과 비슷한 기능을 제공하는데, 조금 더 쉽게 디테일한 정보를 확인할 수 있다. 예를 들어 클릭한 번으로 필지별 소유 주체(개인, 법인, 국가 소유 등) 및 지목, 면적, 공시지가 등을 한눈에 확인할 수 있다.

기본적인 이용 방법은 간단하다. 사이트에 접속하여 ①번 '지도 서비스'를 클릭한다.

>> 경기부동산포털 화면-1

화면이 이동하면 차례대로 ②번 필지정보, ③번 필지목록 정보, ④번 항공지적도까지 클릭한 후 ⑤번 화면에서 정보를 얻고자 하는 필지를 선택하면 된다. 이후 ⑥번 창에 ⑤번에서 클릭한 필지가 리스트로 나타나는데 이 목록을 통해 지목, 소유 주체, 면적 등을 확인하면 된다.

공장 투자를 위한 사이트 활용법

》 경기부동산포털 화면-2

》 경기부동산포털 화면-3

마지막으로 왼쪽 사진의 ⑦번 '공시가격지도'를 클릭하면 필지별 공시지가가 지도 위에 표시된다. 일반적으로 공시지가를 확인하려면 필지별로 조회해야 하는 번거로움이 있었다. 그러나 이 기능을 이용한다면 클릭 한 번으로 주변 공시지가를 조회해볼 수 있다.

토지이음(eum.go.kr)

토지이음은 대한민국 부동산 투자자라면 한 번쯤 들어봤을 유명한 사이트이다. 특히 공장 및 토지 투자자라면 앞으로 이 사이트를 많이 이용하게 될 것이다. 토지이음에는 2가지 중요 기능이 있다.

첫째, 용도지역을 확인하는 기능이다. 사이트에 접속하여 용도지역을 확인하고자 하는 물건지 주소를 ①번 칸에 입력하여 열람을 누르면 확인이 가능하다. 열람 이후 나오는 결과 페이지에선 순서대로 지목(②), 면적(③), 공시지가(④), 용도지역(⑤), 필지 모양(⑥) 등 토지에 대한 전반적인 정보 확인이 가능하다. 투자 시 참고하도록 하자.

둘째, '이음지도'이다. 이 기능을 활용하면 개설 예정인 도시계획도로, 즉 앞으로 도로가 넓어지거나 신규로 도로가 개설 예정인 곳을 쉽게 확인할 수 있다. 토지 가격은 도로와 접해 있는지 여부에 따라 금액이 결정되기 때문에 아주 중요한 부분이다. 더불어 도

공장 투자를 위한 사이트 활용법

소재지	경기도				
지목	전 ❼ ❷		면적	1,189 m²	❸
개별공시지가(m²당)	209,000원 (2022/01) **연도별보기** ❹				

지역지구등 지정여부	「국토의 계획 및 이용에 관한 법률」에 따른 지역·지구등	도시지역 자연녹지지역 ❺
	다른 법령 등에 따른 지역·지구등	가축사육제한구역(모든축종 제한)<가축분뇨의 관리 및 이용에 관한 법률>, 군사기지 및 군사시설 보호구역(육군17사단관할지역)<군사기지 및 군사시설 보호법>, 제한보호구역(전방지역:25km)(위탁지역15m)<군사기지 및 군사시설 보호법>, 성장관리지역<산업집적활성화 및 공장설립에 관한 법률>, 성장관리권역<수도권정비계획법>, 하수처리구역(초원처리분구)<하수도법>
「토지이용규제 기본법 시행령」 제9조 제4항 각 호에 해당되는 사항	영농여건불리농지 <추가기재> 본증명은간축전산오류로인하여사실과다를수있으니인허가나토지거래전등지역지구등의편입여부를 반드시관계부서에확인받으시기바랍니다.	

확인도면	 ❻

범례

□ 성장관리지역
□ 도시지역
■ 자연녹지지역
□ 성장관리권역
□ 가축사육제한구역
□ 준보전산지
□ 중로2류(폭 15m~20m)
□ 법정동

□ 작은글씨확대 축척 1 / 1200 ∨ **변경** **도면크게보기**

》 토지이음 화면-1

》 토지이음 화면-2

로 폭이 좁은 공장보다 도로 폭이 넓을 경우 더 높은 시세를 형성하게 된다. 따라서 도로를 유심히 보는 것도 투자 성공에 이르는 방법이다. 확인 방법은 토지이음 사이트에 접속하여 첫 페이지에서 ⑦번을 클릭하면 지도 화면으로 넘어간다.

이후 다음 페이지에 나오는 ⑧번 칸에 주소를 입력 후 ⑨번 위성 지도를 클릭한다. 그럼 지도가 좌우로 분할되어 나타난다. 이때 좌측 지도는 개설 예정인 도시계획도로가 빨간 선으로 표시되어 나오고, 우측은 근래에 촬영된 위성 지도 사진이 나타난다. 그럼 분할된 지도를 비교해보면 된다. 왼쪽 화면에는 빨간 선이 표시되어 있는데 우측 화면에는 도로 개설 흔적이 보이지 않는다면, 담당 관할 관청 도로과에 문의해 개설 진행 여부를 문의하면 된다. 한 가지 주의할 점은 도로 선이 그어져 있다고 해서 무조건 도로 개설이 되는 것은 아니라는 점이다. 따라서 꼭 개설 여부를 지자체에 문의하도록 하자.

다음 페이지에 나오는 사진을 보면 ⑩번은 기존에 있던 좁은 마을 안 길의 도로 폭을 확장하는 것이고, ⑪번은 도로가 없었으나 신규로 2차선을 개설하는 것이다. 이처럼 손품을 통해서도 신규로 개설 예정인 전국 도로를 쉽게 확인 가능하니 관심 지역을 설정하고 꾸준히 살펴보도록 하자.

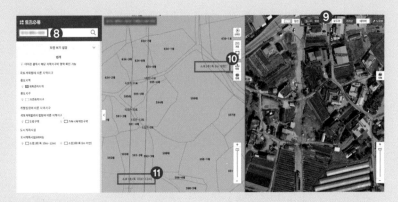

>> 토지이음 화면-3

〈소로(2차선)〉	〈중로(4~6차선)〉
– 1류: 폭 10m 이상, 12m 미만인 도로 – 2류: 폭 8m 이상, 10m 미만인 도로 – 3류: 폭 8m 미만인 도로	– 1류: 폭 20m 이상, 25m 미만인 도로 – 2류: 폭 15m 이상, 20m 미만인 도로 – 3류: 폭 12m 이상, 15m 미만인 도로
〈대로(6~8차선)〉	〈광로(8~12차선)〉
– 1류: 폭 35m 이상, 40m 미만인 도로 – 2류: 폭 30m 이상, 35m 미만인 도로 – 3류: 폭 25m 이상, 30m 미만인 도로	– 1류: 폭 70m 이상인 도로 – 2류: 폭 50m 이상, 70m 미만인 도로 – 3류: 폭 40m 이상, 50m 미만인 도로

>> 도로 규모별 구분

'도서출판 지혜로'는 경제·경영 서적 전문 출판사이며, 지혜로는 독자들을 '지혜의 길로 안내한다'는 의미입니다. 지혜로는 특히 부동산 분야에서 독보적인 위상을 자랑하고 있으며, 지금까지 출간한 모든 책이 베스트셀러 그리고 스테디셀러가 되었습니다.

지혜로는 '소장가치 있는 책만 만든다'는 출판에 관한 신념으로, 사업적인 이윤이 아닌 오로지 '독자를 위한 책'에 초점이 맞춰져 있고, 앞으로도 계속해서 아래의 원칙을 지켜나갈 것입니다.

첫째, 객관적으로 '실전에서 실력이 충분히 검증된 저자'의 책만 선별하여 제작합니다.
실력 없이 책만 내는 사람들도 많은 실정인데, 그런 책은 읽더라도 절대 유용한 정보를 얻을 수 없습니다. 독서란 시간을 투자하여 지식을 채우는 과정이기에, 책은 독자들의 소중한 시간과 맞바꿀 수 있는 정보를 제공해야 한다고 생각합니다. 그러므로 지혜로는 원고뿐 아니라 저자의 실력 또한 엄격하게 검증을 하고 출간합니다.

둘째, 불필요한 지식이나 어려운 내용은 편집하여 최대한 '독자들의 눈높이'에 맞춥니다.
그렇기 때문에 수많은 독자분들께서 지혜로의 책은 전문적인 내용을 다루고 있지만 가독성이 굉장히 좋다는 평가를 해주고 계십니다.
책의 최우선적인 목표는 저자가 알고 있는 지식을 자랑하는 것이 아닌 독자에게 필요한 지식을 채우는 것입니다. 앞으로도 독자층의 눈높이에 맞지 않는 정보는 지식이 될 수 없다는 생각으로 독자들에게 최대한의 정보를 제공할 수 있도록 편집할 것입니다.

마지막으로 앞으로도 계속 독자들이 '**지혜로의 책은 믿고 본다**'는 생각을 가지고 구매할 수 있도록 초심을 잃지 않고, 철저한 검증과 편집 과정을 거쳐 좋은 책만 만드는 도서출판 지혜로가 되겠습니다.

뉴스 〉 부동산

도서출판 지혜로, '돌풍의 비결은 저자의 실력 검증'

송희창 대표, 항상 독자들의 입장에서 생각하고, 독자들에게 꼭 필요한 책만 제작

도서출판 지혜로의 주요 인기 서적들

경제 · 경영 분야의 독자들 사이에서 '믿고 보는 출판사'라고 통하는 출판사가 있다. 3권의 베스트셀러 작가이자 부동산 분야의 실력파 실전 투자자로 알려진 송희창씨가 설립한 '도서출판 지혜로'가 그곳.

출판시장이 불황임에도 불구하고 이곳 도서출판 지혜로는 지금껏 출간된 모든 책이 경제 · 경영 분야의 베스트셀러로 자리매김하는 쾌거를 이룩했다.

송사무장의 부동산 경매의 기술

수많은 경매 투자자들이 선정한 경매분야 최고의 책!

- 출간 직후부터 10년 동안 연속 베스트셀러를 기록한 경매의 바이블이 개정판으로 돌아왔다!
- 경매 초보도 따라할 수 있는 송사무장만의 명쾌한 처리 해법 공개!
- 지금의 수많은 부자들을 탄생시킨 실전 투자자의 노하우를 한 권의 책에 모두 풀어냈다.
- 큰 수익을 내고 싶다면 고수의 생각과 행동을 따라하라!

송희창 지음 | 312쪽 | 16,000원

송사무장의 부동산 공매의 기술

드디어 부동산 공매의 바이블이 나왔다!

- 이론가가 아닌 실전 투자자의 값진 경험과 노하우를 담은 유일무이한 공매 책!
- 공매 투자에 필요한 모든 서식과 실전 사례가 담긴, 이 책 한 권이면 당신도 공매의 모든 것을 이해할 수 있다!
- 저자가 공매에 입문하던 시절 간절하게 원했던 전문가의 조언을 되짚어 그대로 풀어냈다!
- 경쟁이 덜한 곳에 기회가 있다! 그 기회를 놓치지 마라!

송희창 지음 | 456쪽 | 18,000원

송사무장의 실전경매
(송사무장의 부동산 경매의 기술2)

부자가 되려면 유치권을 알아야 한다!
경 · 공매 유치권 완전 정복하기!

- 수많은 투자 고수들이 최고의 스승이자 멘토로 인정하는 송사무장의 '완벽한 유치권 해법서'
- 저자가 직접 처리한 다양한 사례들을 통해 독자들이 생생한 간접 경험을 할 수 있도록 하고, 실전에서 바로 응용 가능한 서식과 판례까지 모두 수록!
- 이 책 한 권이면 유치권에 관한 실전과 이론의 완벽 마스터가 가능하다!

경매 권리분석 이렇게 쉬웠어?

대한민국에서 가장 쉽고 체계적인 권리분석 책
권리분석만 제대로 해도 확실한 수익을 남길 수 있다

- 초보도 쉽게 배우고 따라할 수 있는 권리분석 책이 탄생했다.
- 경매 권리분석은 절대 어렵지 않다. 이제 쉽게 분석하고, 쉽게 수익내자!
- 이 책을 읽고 따라하기만 하면 누구나 쉽게 경매에 도전할 수 있다.

박희철 지음 | 328쪽 | 18,000원

대한민국 땅따먹기

진짜 부자는 토지로 만들어 진다!
최고의 토지 전문가가 공개하는 토지 투자의 모든 것!

- 토지 투자는 어렵다는 편견을 버려라! 실전에 꼭 필요한 몇 가지 지식만 알면 누구나 쉽게 도전할 수 있다.
- 경매 초보들뿐만 아니라 경매 시장에서 더 큰 수익을 원하는 투자자들의 수요까지 모두 충족시키는 토지 투자의 바이블 탄생!
- 실전에서 꾸준히 수익을 내고 있는 저자의 특급 노하우를 한 권에 모두 수록!

서상하 지음 | 356쪽 | 18,000원

1년 안에 되파는 토지투자의 기술

초보자도 쉽게 적용할 수 있는
토지 투자에 관한 기막힌 해법 공개!

- 토지 투자는 돈과 시간이 여유로운 부자들만 할 수 있다는 편견을 시원하게 날려주는 책!
- 적은 비용과 1년이라는 짧은 기간으로도 충분히 토지 투자를 통해 수익을 올릴 수 있다!
- 토지의 가치를 올려 높은 수익을 얻을 수 있게 하는 '토지 개발' 비법을 배운다.

김용남 지음 | 272쪽 | 16,000원

수도권 알짜 부동산 답사기

알짜 부동산을 찾아내는 특급 노하우는 따로 있다!

- 초보 투자자가 부동산 경기에 흔들리지 않고 각 지역 부동산의 옥석을 가려내는 비법 공개!
- 객관적인 사실에 근거한 학군, 상권, 기업, 인구 변화를 통해 각 지역을 합리적으로 분석하여 미래까지 가늠할 수 있도록 해준다.
- 풍수지리와 부동산 역사에 관한 전문지식을 쉽고 흥미진진하게 풀어낸 책!

김학렬 지음 | 420쪽 | 18,000원

부동산 절세의 기술
(전면개정판)

양도세, 종부세, 종합소득세, 임대사업자까지
한 권으로 끝내는 세금 필독서

- 6년 연속 세금분야 독보적 베스트셀러가 완벽하게 업그레이드되어 돌아왔다!
- 세금 설계만 제대로 해도 최종 수익률이 달라진다. 부동산 투자자들의 강력 추천도서!
- 실전 투자자의 경험에 현직 세무사의 지식을 더한 소중한 노하우를 그대로 전수받을 수 있는 최고의 부동산 절세 책!

김동우 · 최왕규 지음
420쪽 | 19,000원

한 권으로 끝내는 셀프 소송의 기술
(개정판)

부동산을 가지려면 이 책을 소장하라!
경매 특수물건 해결법 모두 공개!

- 내용 증명부터 점유이전금지가처분, 명도소장 등 경 · 공매 투자에 필요한 모든 서식 수록!
- 송사무장이 특수물건을 해결하며 실전에서 사용했던 서식을 엄선하여 담고, 변호사의 법적 지식을 더한 완벽한 책!
- 누구나 쉽게 도전할 수 있는 셀프 소송의 시대를 연 바로 그 책! 이 책 한 권은 진정 수백만 원 그 이상의 가치가 있다!

송희창 · 이시훈 지음
740쪽 | 55,000원